MENTE, CÉREBRO E EDUCAÇÃO MATEMÁTICA:

evidências para sala de aula

Marcos Guilherme Moura-Silva
João Bento-Torres
(Organizadores)

MENTE, CÉREBRO E EDUCAÇÃO MATEMÁTICA:

evidências para sala de aula

2023

1ª Edição

Direção editorial: José Roberto Marinho

Capa: Fabrício Ribeiro
Projeto gráfico e diagramação: Fabrício Ribeiro

Edição revisada segundo o Novo Acordo Ortográfico da Língua Portuguesa

Dados Internacionais de Catalogação na publicação (CIP)
(Câmara Brasileira do Livro, SP, Brasil)

Mente, cérebro e educação matemática: evidências para sala de aula / organização Marcos Guilherme Moura-Silva, João Bento-Torres. – São Paulo: Livraria da Física, 2023.

Vários autores.
Bibliografia.
ISBN 978-65-5563-380-1

1. Aprendizagem - Metodologia 2. Educação em ciências 3. Ensino superior (Pós-graduação) 4. Inclusão escolar 5. Matemática - Estudo e ensino 6. Professores - Formação profissional I. Moura-Silva, Marcos Guilherme. II. Bento-Torres, João.

23-174276 CDD-370

Índices para catálogo sistemático:
1. Ensino : Educação 370

Eliane de Freitas Leite - Bibliotecária - CRB 8/8415

LF Editorial
www.livrariadafisica.com.br
www.lfeditorial.com.br
(11) 3815-8688 | Loja do Instituto de Física da USP
(11) 3936-3413 | Editora

SUMÁRIO

PREFÁCIO

Ao iniciar o prefácio deste livro, esclareço a origem da introdução no Programa de Pós-graduação em Educação em Ciências e Matemáticas (PPGECM), de fundamentos da Neurociências, a criação do grupo de pesquisa em Neurociências e a criação da linha de pesquisa "Mente, Cérebro e Educação".

A inclusão dos estudos de Neurociências no Instituto de Educação Matemática e Científica (IEMCI) da Universidade Federal do Pará (UFPA) e, de modo particular, no Programa de Pós-Graduação em Educação em Ciências e Matemáticas (PPGECM), teve início por meio de ações concretas em relação à, tendo como marco, a realização do I Seminário Nacional de Neurociência e Educação Matemática (I SENNEM), evento financiado pela CAPES-Edital Nº 21/2016, sob minha coordenação, que contou com a colaboração de um grupo de mestrandos e doutorandos com expressiva participação da comunidade do PPGECM, de professores da educação básica e alunos da graduação.

Para esse evento, convidamos pesquisadores de vários pontos do país para discutir a temática translacional de Neurociências e Educação Matemática, contribuindo com o desenvolvimento de dezenas de outras pesquisas nos anos que se seguiriam. Participaram do evento os professores doutores João dos Santos Carmo (UFScar), Alina Galvão Spinillo (UFPE), Antônio Pereira Júnior (UFRN), Cristóvam Wanderley Picanço Diniz (ICB/UFPA), Bruno Duarte Gomes (ICB/UFPA), Soraia Valéria de Oliveira Coelho Lameirão (UFPA), Marcelo Marques de Araújo (UNIFESSPA) e João Bento Torres Neto (ICB/UFPA).

Minha motivação para a realização do seminário vem de uma reflexão de longa data, preocupado com o fato de muitos estudantes da Educação Básica apresentarem dificuldades e até "**ojeriza em relação a matemática**" (hoje referida como ansiedade matemática), como caracterizei em minha dissertação de mestrado, em 1981, defendida na UNICAMP. Nas minhas reflexões, também questionava o porquê de um Programa de Pós-Graduação que tem, entre outros objetivos, formar futuros **Professores Formadores de Professores** que irão atuar no curso das Licenciaturas em Matemática, Física, Química e

Biologia, bem como formar professores para a docência no ensino básico não incluir no seu projeto uma linha de pesquisa envolvendo os conhecimentos das neurociências.

Outro aspecto que por muito tempo me chamou a atenção, era o fato de publicações de dissertações que tinham como título "**Neurociências e Educação Matemática**", quase nenhuma delas tratava efetivamente de conhecimentos da Neurociência no processo do ensino e aprendizagem da matemática.

Após a realização do I SENNEM, seguido de palestras, grupos de debates por especialistas com formação em Neurociências, iniciei, como professor do PPGECM e integrante do grupo de pesquisa de Formação de Professores (TRANS)Formação e contando com a colaboração dos Professores João Bento Torres do Instituto de Ciências Biológicas, Marcos Guilherme Moura Silva e Soraia Lameirão, do Instituto de Educação em Ciências e Matemática, um grupo de discussão para os encaminhamentos de institucionalização no PPGECM de estudos e pesquisas sobre a temática.

Decidimos que desafiaríamos alguns dos pós-graduandos aprovados na seleção de 2016, a desenvolver suas pesquisas de dissertações e teses envolvendo estudos da Neurociências no PPGECM. No entanto, um outro desafio mostrava-se concomitante a esse: a orientação dos mestrandos e doutorandos que aceitassem a contenda. Contávamos com um professor da UFPA, ainda não credenciado no Programa, que aceitou orientar na figura de coorientador, sob minha orientação, assumida verdadeiramente por ele.

Começaram as defesas dos mestrandos e doutorandos e, em função do amadurecimento do grupo, solicitamos à coordenação do PPGECM a implementação da linha de pesquisa **"Mente, Cérebro e Educação"** na estrutura curricular do Programa, incluindo a aprovação do respectivo grupo de estudos e pesquisas com a mesma nomenclatura, ofertado semestralmente, tanto no curso de mestrado quanto no de doutorado. A linha de pesquisa, devido às peculiaridades, tanto de natureza metodológica, quanto epistemológica e, quiçá, filosófica, na produção do conhecimento científico, se utiliza de abordagens empíricas, experimentais e quase-experimentais, e lança mão de análises quali-quantitativas de dados.

Para além disso, a linha conta com a participação ativa de professores e alunos no grupo de estudos e pesquisas, como mencionado, e dispõe de parceiros importantes para efetivação de suas ações investigativas. Essas parcerias incluem, desde o compartilhamento de recursos humanos e materiais, *lócus* de pesquisa e canal de divulgação. Mediante o exposto, notamos que o movimento **"Mente, Cérebro e Educação"**, dentro do IEMCI e do PPGECM, já apresentava um volume expressivo e contínuo de ações concretas desenvolvidas e em andamento, no âmbito do ensino, pesquisa e extensão.

Dada a natureza institucional do PPGECM, salienta-se a diversidade de enfoques de pesquisa que a linha consegue agregar, estudando desde os efeitos de intervenções específicas na cognição e na emoção, passando por estudos de descrição e caracterização de fenômenos, adaptação e validação de instrumentos, chegando até aos estudos de integração comportamental/cognitiva/fisiológica em relação à aprendizagem de ciências e matemática.

Boa parte desses estudos vêm sendo publicados em periódicos qualificados da área de ensino, em nível *qualis* CAPES A1 e A2. A partir desse movimento, pesquisas começaram a ser delineadas sob a ótica das neurociências, contando com a mentoria, com a expertise e com o olhar crítico/criterioso de pesquisadores com formação na área de neurociências, como os professores Dr. João Bento Torres e Marcos Guilherme Moura Silva, docentes permanentes do PPGECM, além de professores colaboradores à linha, como a Dra. Natáli Valim Oliver Bento Torres (ICS/UFPA) e a Dra. Soraia Valéria Lameirão (IEMCI/UFPA).

Os dados a seguir mostram que a criação da linha e do grupo de pesquisa foi uma medida acertada, pois em pouco tempo de existência, já temos cinco teses e duas dissertações defendidas, nove em andamento, criação do Laboratório de Neurociências aplicada ao ensino de ciências, matemática e linguagem, duas parcerias internacionais e outras em negociação. Estes dados dão indícios do impacto social/científico/educacional no âmbito do PPGECM da jovem linha de pesquisa.

Em função das produções das dissertações e teses defendidas e das diversas ações, como palestras voltadas aos alunos universitários, e aos professores da rede pública estadual e municipal, o grupo sentiu necessidade de organizar o presente livro, que tem como organizadores o Professor Dr. João Bento Torres e o Professor Dr. Marcos Guilherme Moura Silva, este último, meu orientando de mestrado e orientando de doutorado do Professor João Bento Torres.

A publicação do livro teve sua origem nas reflexões dos professores e alunos do grupo de pesquisa **"Mente, Cérebro e Educação"**, bem como contém artigos resultantes de recortes das dissertações e teses defendidas, das diversas palestras proferidas pelos organizadores e autores deste livro, não somente para alunos universitários, mas também para professores do ensino básico. No meu ponto de vista, a publicação do livro é o coroamento de uma história de sucesso que vem se constituindo com muita competência e responsabilidade dos professores João Bento Torres Neto e Marcos Guilherme Moura Silva, organizadores do livro, e dos alunos que fazem parte do grupo de pesquisa, que estão envolvidos com a inclusão dos estudos de neurociências no PPGECM. Por essa razão e, sobretudo, por ser um livro que apresenta reflexões sobre o uso de diferentes bases teórico-metodológicas utilizadas pelos autores e seus respectivos orientadores que de forma colaborativa escreveram os artigos:

- FORMAÇÃO DE PROFESSORES QUE ENSINAM MATEMÁTICA E AS NEUROCIÊNCIAS: como o professor pode se beneficiar dos resultados neurocientíficos?
- APRENDIZAGEM DO ALUNO: estratégias cognitivas para o estudo e fatores que influenciam o processo.
- Os Efeitos da Prática Intercalada no Aprendizado Matemático: o que dizem as evidências?
- BASES NEURAIS DA METACOGNIÇÃO MATEMÁTICA: contribuições para o ensino-aprendizado matemático
- APRENDIZADO MATEMÁTICO E APTIDÃO FÍSICA
- ATIVIDADE FÍSICA E APRENDIZAGEM MATEMÁTICA: menos comportamento sedentário, mais aulas fisicamente ativas!
- BENEFÍCIOS DA PRÁTICA DO EXERCÍCIO FÍSICO NO DESEMPENHO MATEMÁTICO

Recomendo este livro não somente aos estudantes e professores da Pós-graduação em Educação em Ciências e Matemáticas, mas também a todos os estudantes de Pós-graduação em Educação em Ciências e Matemáticas e alunos de todas as Licenciaturas, haja vista que o livro proporciona inúmeras possibilidades de reflexões por parte dos pós-graduandos que estão iniciando na pesquisa, na linha Mente, Cérebro e Educação.

Finalizo este prefácio afirmando que a "neurociência educacional", ou "Mente, Cérebro e Educação", são algumas nomenclaturas para conceituar o movimento que busca conectar os resultados de pesquisas sobre mecanismos neurais da aprendizagem com as práticas e as políticas educacionais, ou ainda entender os efeitos da educação no cérebro (THOMAS, ANSARI, E KNOWLAND, 2019). De maneira direta, a interação entre os campos das neurociências e educação se estabelece quando se compreende que o cérebro, como órgão biológico, é o *locus* da aprendizagem e, portanto, sua integridade física e funcional (o que se conhece como saúde cerebral) está diretamente associada com as atividades ocupacionais do ensino e da aprendizagem. Por outro lado, essa interação também se estabelece de modo indireto, quando as evidências neurocientíficas modulam as teorias psicológicas e essas influenciam a educação.

Belém, 24 de julho de 2023
Professor Titular Tadeu Oliver Gonçalves

PARTE 1

CIÊNCIA DA APRENDIZAGEM E FORMAÇÃO DE PROFESSORES

FORMAÇÃO DE PROFESSORES QUE ENSINAM MATEMÁTICA E AS NEUROCIÊNCIAS: como o professor pode se beneficiar dos resultados neurocientíficos?

Marcos Guilherme Moura-silva
http://orcid.org/0000-0002-8934-8614

O advento das Neurociências e sua evolução ao longo das últimas décadas ampliaram as compreensões acerca do funcionamento cerebral, trazendo implicações importantes para o campo de inquérito da educação matemática e formação de professores. Por outro lado, muitos dos conhecimentos neurocientíficos sobre como o cérebro aprende matemática não se refletem na prática dos professores e, consequentemente, em suas identidades profissionais. Este ensaio[1] tensiona discutir o impacto que a neurociência cognitiva pode trazer para a identidade do professor que ensina matemática e como isso pode estabelecer mudanças paradigmáticas em suas práticas pedagógicas. Para tanto, conceituo "identidade docente", destacando o papel do discurso, do contexto e da comunidade de prática integradas por professores e neurocientistas como eixos de impacto na identidade profissional. Em seguida, discuto como resultados neurocientíficos podem influenciar a prática profissional docente a partir das três classificações propostas por Smedt e Grabner (2015), a saber: conhecimento neurológico, neuropredição e neurointervenção. Concluo advogando a implementação de uma perspectiva investigativa para a área de formação de professores que integre aspectos comportamentais, cognitivos e fisiológicos em relação à aprendizagem matemática, indicando a importância de uma alfabetização neurocientífica para o desenvolvimento profissional docente, pautada em uma prática baseada em evidências.

Palavras-chave: Identidade Docente; Neurociência Cognitiva; Formação de Professores.

---

1 Artigo adaptado e publicado na Revista Brasileira de Educação em Ciências e Matemáticas – RBECM, Passo Fundo, v. 3, n. 3, p. 827-842, edição especial.

Introdução e propósito

O advento da Neurociência e sua evolução ao longo das últimas décadas ampliaram as compreensões acerca do funcionamento cerebral, trazendo implicações importantes para o campo educacional (KATZIR e BLAGOEV, 2006; GOSWAMI, 2006; ANSARI, COCH e SMEDT, 2011). O uso de tecnologias de neuroimagem (fMRI) e métodos como Eletroencefalograma (EEG), Tomografia por Emissão de Pósitron (TEP), Medidas Psicofisiológicas – relativas a mudanças fisiológicas ocasionadas por processos emocionais, possibilitaram desvendar os distintos processos cognitivos, em especial a aprendizagem humana (ANSARI, 2008; ver Dick *et al.*, 2014 para introdução sobre métodos neurocientíficos para pesquisa educacional).

No que concerne ao campo de inquérito da Educação Matemática, diversas frentes de investigação foram desbravadas, trazendo entendimentos acerca da cognição matemática. Por exemplo, estudos de neuroimagem têm sido focados no desenvolvimento de habilidades aritméticas em crianças e adultos (ZAMARIAN *et al.*, 2009), enquanto outros vem situar as regiões cerebrais responsáveis pelo cálculo mental (ver DE SMEDT *et al.*, 2010; GRABNER *et al.*, 2013). Baseados em estudos de imagens cerebrais, algumas investigações vêm propondo modelos voltados à proficiência Matemática em problemas algébricos, a partir de ações coordenadas de várias regiões cerebrais (ANDERSON *et al.*, 2008), e outros vem destacando o rastreamento ocular como método promissor para medir estratégias de resolução de problemas (OBERSTEINER e TUMPEK, 2016).

Revisão Sistemática realizada por Yen Looi e colaboradores (2016), procurou fornecer uma visão geral do progresso no campo da neurociência cognitiva acerca da compreensão da aprendizagem matemática, destacando linhas temáticas de investigação, como o desenvolvimento da cognição numérica em humanos (IZARD *et al.*, 2009; GEARY *et al.*, 2000; CAMPBELL e ALBERTS, 2009), estudos situados na aprendizagem aritmética (DEHAENE, 2009; DELAZER *et al.*, 2003; GRABNER *et al.*, 2009; ISCHEBECK *et al.*, 2009;), investigações focadas na ansiedade matemática (DOWKER *et al.*, 2012; MALONEY e BEILOCK, 2012; MOURA-SILVA *et al.*, 2019), além de estudos feitos em populações especiais, como aquelas que apresentam acalculia (HUMPHREYS *et al.*, 2012; DELAZER *et al.*,

2004) e Discalculia Desenvolvimental (LANDERL *et al.*, 2004; KUCIAN *et al.*, 2013; RYKHLEVSKAIA *et al.*, 2009). Outras investigações revelam que os distintos contextos emocionais ativam diferentes aspectos da memória (BUCHANAN e TRANEL, 2008; KENSINGER e SCHACTER, 2008), possibilitando, desse modo, aprofundar questões envolvendo emoção e cognição. Em contraponto à essa evolução, percebe-se que muitos dos conhecimentos neurocientíficos sobre como o cérebro aprende matemática não se refletem nas práticas dos professores, e, portanto, não fazem parte de suas identidades e desenvolvimento profissionais. Estudo conduzido por Grossi *et al.*, (2019), constatou que, no Brasil, ainda é pequena a influência da neurociência na sala de aula e nos cursos de formação de professores e que nada mudou ao longo da última década. Frente a isso, pergunta-se: não é curioso e ao mesmo tempo alarmante que o cérebro, enquanto órgão privilegiado por onde ocorre a aprendizagem, seja o principal instrumento de trabalho do professor e dele pouco se conheça? Quais poderiam ser os impactos dos conhecimentos neurocientíficos na identidade profissional do professor de matemática? Neste ensaio, trago reflexões acerca disso e indico possíveis caminhos para a implementação de uma perspectiva investigativa para a área de formação de professores que integre aspectos comportamentais, cognitivos e fisiológicos em relação à aprendizagem matemática.

Para o escopo deste artigo, discuto a seguir alguns dos fatores que impactam a identidade do professor, segundo a literatura da área, destacando o discurso, o contexto e a prática. Na sequência, incluo a neurociência cognitiva como uma ferramenta capaz de influenciar esses fatores, impactando consequentemente a identidade docente. Discuto três caminhos possíveis por onde os conhecimentos neurocientíficos podem infundir o pensamento do professor e concluo defendendo a importância de uma perspectiva sistêmica de investigação que inclua o fator biológico da aprendizagem como eixo de desenvolvimento profissional do professor que ensina matemática.

Identidade docente e fatores de impacto

As últimas duas décadas foram marcadas pelo expressivo aumento das investigações sobre identidade do professor e diferentes lentes de abordagens foram mostradas na literatura como fatores que produzem impactos nessa identidade, a saber: o fator das narrativas e do discurso, o fator dos fatores contextuais e o fator das comunidades de prática (BEUCHAMP e THOMAS, 2009). Discuto brevemente sobre cada um deles, a seguir.

O primeiro fator encontra nas "narrativas e no discurso", uma via de acesso por onde o professor constitui uma identidade profissional. "Evidentemente, as narrativas dos professores sobre si mesmos e suas práticas, bem como os discursos que os envolvem, oferecem oportunidades para explorar e revelar aspectos de sua identidade" (BEUCHAMP e THOMAS, 2009, p. 181, tradução própria). Assim, parafraseando Sfard e Prusak (2005), "identidades" são coleções de histórias pessoais que reifica, endossa e traz significado, sendo, portanto, uma via de constituição identitária (ver também OLIVEIRA, 2012; WATSON, 2006). Conectada à noção de narrativa, está o do discurso pelo qual o indivíduo revela sua identidade e a negocia em diferentes contextos (BEYNON, 1997). Os discursos pelos quais os professores se envolvem contribuem para a formação de suas identidades e podem exercer poder transformador em suas ações. Nesse propósito, Alsup (2006) mostrou que, por meio de um engajamento discursivo, professores em formação expandiram suas identidades profissionais, provocando transformações em seus pensamentos. Esses discursos, segundo a autora, estão relacionados a linguagens, ações, emoções ou ideias nas quais os professores estão envolvidos. Desse modo, o discurso, seja interno ou externo, tem profundo impacto na formação da identidade docente.

Um segundo fator analítico pelo qual a identidade do professor pode sofrer influência, é o fator do contexto. Vários estudos vêm mostrando que os fatores contextuais (incluindo os objetos de saber ou disciplina de ensino) influenciam a construção da identidade docente e seu desenvolvimento profissional (FREITAS, 2008; DRAKE *et al.*, 2001; GOOS e BENNISON, 2008; HOBBS, 2012; LUTOVAC e KAASILA, 2014; OWENS, 2014). O ambiente escolar, o impacto com outros profissionais e os próprios programas de formação de professores exercem impactos nessa constituição identitária, com influências diretas nas experiências professorais. Um terceiro fator analítico tem a ver com comunidades de prática. Na perspectiva sociocultural, como a informada nos estudos sobre trabalho e aprendizagem situada em comunidades de prática – amplamente discutida em Wenger (1998) – encontramos um vínculo da identidade docente à sua prática. Para Wenger (1998 p. 149), "a identidade é a experiência negociada de si mesmo, envolve a participação em comunidade, tem uma trajetória de aprendizagem, combina diferentes formas de associação dentro de uma identidade e presume envolvimento em contextos locais e globais". Participando de uma comunidade de profissionais, o professor sujeita-se às influências desta comunidade em sua constituição identitária.

Frente a isso e baseado em recente levantamento (GROSSI *et al.*, 2019), percebemos que, em nenhum desses três fatores de impacto identitário: discurso, contexto e prática, o saber neurocientífico está sendo envolvido efetivamente na formação do professor. Contudo, não é raro encontrarmos a difusão de neuromitos – concepções popularmente sustentadas, mas confusas, da função cerebral (VAN DER MEULEN *et al.*, 2015) – nas práticas docentes (DEKKER *et al.*, 2012). Um exemplo de neuro-mito é que a aprendizagem poderia ser melhorada se crianças fossem classificadas e ensinadas conforme seu estilo de aprendizagem preferido. Embora resultados empíricos validem esse tipo de afirmação: a de que informações visuais, auditivas e cinestésicas podem ser processadas em diferentes partes do cérebro, sabe-se que essas estruturas cerebrais estão altamente interconectadas (GILMORE *et al.*, 2007), não havendo melhora significativa de aprendizagem quando crianças são educadas conforme seu estilo de aprendizagem (COFFIELD *et al.*, 2004).

Assim, torna-se imperativo a inserção correta de evidências neurocientíficas, via discurso teórico e prático no desenvolvimento profissional do professor; a partir da reformulação de contextos formativos iniciais ou continuados, que abranjam a área da neurociência cognitiva; e através da desejável colaboração de professores e neurocientistas em comunidades de prática, visando ampliar as competências profissionais e coordenar ações do professor em sala de aula. Algumas experiências já foram relatadas nesse sentido (por exemplo, TAN e AMIEL, 2019), sugerindo que a neurociência moldou as práticas de ensino de maneira profunda, contribuindo para uma tomada de decisão pedagógica pautadas em entendimentos claros do funcionamento cerebral. Baseado em Smedt e Grabner (2015), apresento três possibilidades pelas quais os resultados neurocientíficos podem infundir e impactar a prática do professor de matemática em sala de aula e como isso pode influenciar sua identidade profissional.

Neurociência e a prática do professor de matemática

A última década testemunhou um avanço exponencial de pesquisas do cérebro relacionadas à cenários educacionais. Surgia assim, um campo de pesquisa interdisciplinar e translacional integrando mente, cérebro e educação (ver FISHER, 2009), também denominado de neuroeducação ou neurociência educacional, com objetivo central de encontrar assinaturas neurais para a aprendizagem (por exemplo, HOWARD-JONES, 2010, GOSWAMI e SZÜCS, 2011). Contudo, por falta de um paradigma de pesquisa claro ou fundamentos filosóficos sólidos, essa iteração não obteve pleno êxito em seu início de desenvolvimento, ao ponto de ser considerada uma "ponte longe demais" (BRUER, 1997) de ser construída.

Apesar disso, a neurociência educacional avançou e constitui-se atualmente uma forte ferramenta para aumentar nossas capacidades explicativas e preditivas para as teorias da educação matemática (LEIKIN, 2018), fato pelo qual se hipotetiza que também pode haver impactos na identidade docente. No presente texto, ressalto três possibilidades pelas quais a neurociência pode ser infundida na prática do professor que ensina matemática, baseadas nas classificações feitas por Smedt e Grabner (2015), sendo elas: a compreensão neurológica, a neuropredição e a neurointervenção (Figura 1).

Figura 1 – Três possibilidades de infusão dos conhecimentos neurocientíficos na prática do professor que ensina matemática.

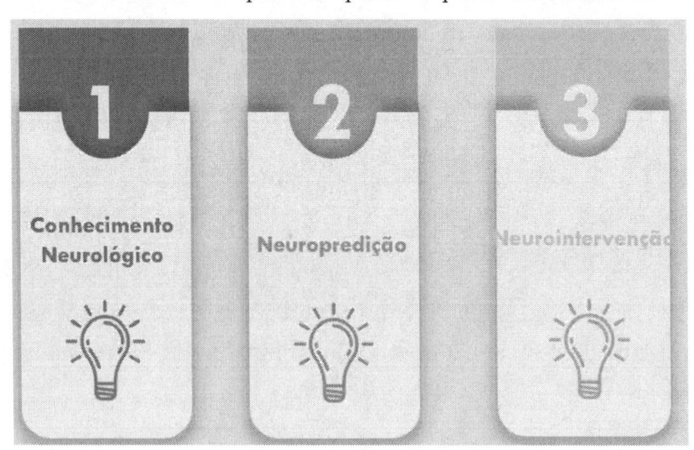

Fonte: Smedt e Grabner (2015).

A compreensão neurológica refere-se à capacidade da pesquisa neurocientífica aprofundar o entendimento do processamento matemático em um nível biológico, informando o professor sobre o desenvolvimento típico e atípico de competências matemáticas ensinadas na escola. A neuropredição ou neuroprognose, possibilita a oportunidade de refletir sobre os resultados neurocientíficos numa perspectiva de prever trajetórias de aprendizagem ou respostas a intervenções educacionais. A neurointervenção refere-se ao uso reflexivo dos resultados neurocientíficos para fundamentar intervenções educacionais ou mensurar seus efeitos no desempenho e na aprendizagem matemática. Visando exemplificar cada uma dessas classificações, apresento análises de evidências cerebrais para cada uma delas.

Compreensão neurológica

As evidências neurocientíficas podem fornecer ao professor complementações sobre as aquisições de habilidades matemáticas, estendendo conhecimentos advindos da psicologia e de teorias educacionais. Um exemplo, nessa perspectiva, tem a ver com as redes neurais de processamento aritmético e como o déficit em alguns dos componentes dessa rede, pode acarretar deficiências severas no aprendizado aritmético, como a discalculia, por exemplo.

Sabe-se que a organização neural da aritmética é dinâmica e que sub-redes se alternam conforme o processo de aprendizagem (BUTTERWORTH, 2011, PETERS e DE SMEDT, 2018). Por exemplo, a apreensão de fatos novos de aritmética envolve regiões como os lobos frontais e os sulcos intraparietais, enquanto o uso desses fatos em outros contextos envolve o giro angular esquerdo, que está implicado na recuperação de fatos da memória (ISCHEBECK *et al.*, 2009). Uma vez que as evidências demonstram que os sulcos intraparietais estão envolvidos em manipulação ou representação de números, o desenvolvimento atípico dessa região acarretará prejuízos nessas funções cognitivas e consequentemente afetará habilidades numéricas simples e complexas (Figura 2). É exatamente o que vem sendo sugerido para indivíduos com discalculia, onde foi observado atividade neural reduzida justamente na região dos sulcos intraparietais (ROTZER *et al.*, 2008; RYKHLEVSKAIA *et al.*, 2009). Como consequência comportamental, os números não parecem ser significativos para indivíduos com esse tipo de desordem cognitiva, de modo que eles não entendem de forma intuitiva a magnitude de um número e não conseguem estabelecer relações com outros.

Mais recentemente, Peters e De Smedt (2018) revisaram essa rede aritmética, incluindo áreas pré-frontal, parietal posterior, ocipito-temporal e hipocampal, indicando que essa rede passa por mudanças de desenvolvimento em relação à sua função, conectividade e estrutura, que ainda precisam ser melhor exploradas.

Figura 2 – Abaixo, na primeira imagem, um modelo causal proposto por Butterworth (2011), estabelecendo uma relação entre aspectos biológicos, cognitivos e comportamentais em relação ao aprendizado aritmético. Abaixo, na segunda imagem, ilustração discutida em Peters e De Smedt (2018), ampliando as áreas implicadas na aritmética de maneira mais relevante, incluindo DLPFC = córtex pré-frontal dorsolateral, VLPFC = cortes pré-frontais ventrolaterais, HC = hipocampo, PSPL = lobo parietal superior posterior, IPS = sulco intraparietal, SMG = giro supramarginal, AG = giro angular e FG = giro fusiforme. Imagens extraídas de BUTTERWORTH, 2011, p. 1050 e de PETERS e DE SMEDT, 2018, p. 271.

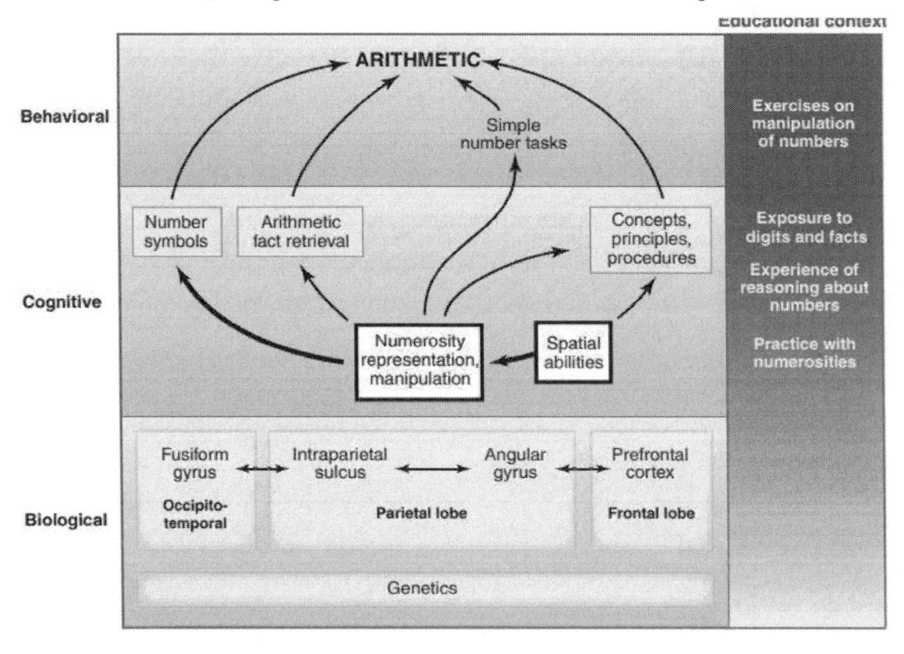

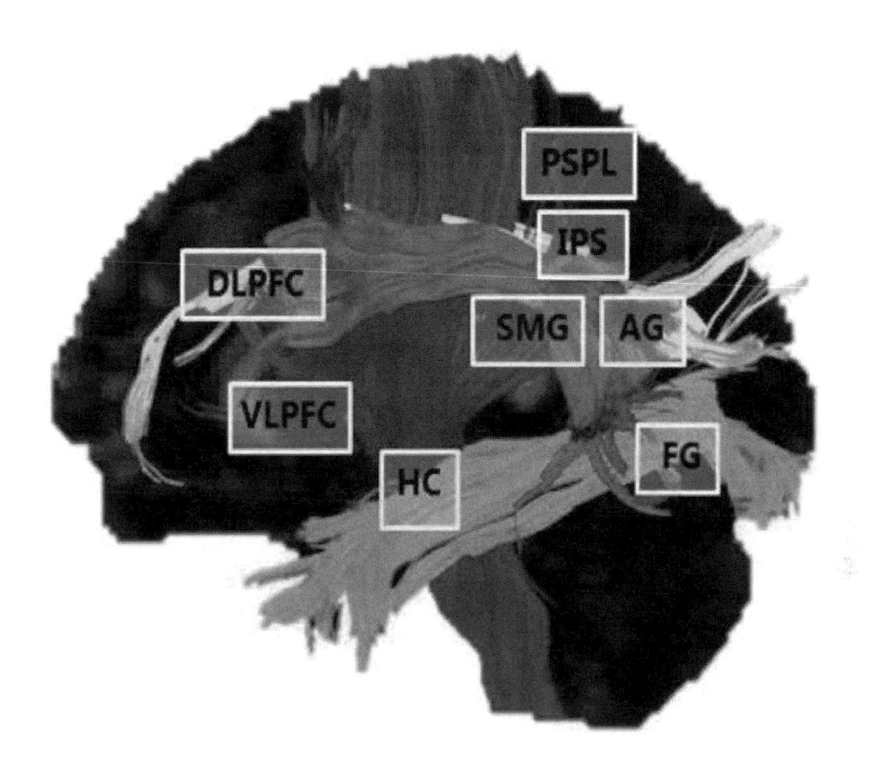

Tais resultados, podem possibilitar ao professor um aprofundamento biológico da aprendizagem matemática, que poderá propiciar impactos em suas abordagens pedagógicas. Contudo, a natureza desse impacto (se positivo ou negativo), dependerá da forma como o conhecimento neurocientífico é percebido e conduzido junto ao professor. Nesse ponto, é importante destacar que não vislumbro a neurociência como a panaceia que resolverá todos os problemas relativos à aprendizagem matemática e tampouco terá efeito prático sem uma reflexão advinda da experiência profissional docente. A compreensão neurológica só fará sentido ao professor, a ponto de gerar impactos em sua identidade profissional, se ela for comunicada e baseada em cenários educacionais e exercida numa perspectiva interdisciplinar, em mão dupla.

Neuropredição ou neuroprognose

Neuropredição ou neuroprognose estabelece os resultados neurocientíficos como ferramenta que pode ser usada para prever resultados comportamentais e educacionais. Especificamente em relação ao campo da aprendizagem matemática, Supekar *et al.* (2013) investigou quais preditores comportamentais e neurais poderiam levar crianças de 8 e 9 anos a ter maiores habilidades aritméticas que outras, considerando uma tutoria cognitiva de 8 semanas. Variáveis comportamentais (como habilidades aritméticas, QI, leitura, memória de trabalho e habilidades matemáticas), além de dados de imagem cerebral (fMRI), foram desenvolvidas antes da intervenção de tutoria. Após isso, Supekar e colaboradores (2013) analisaram quais de suas variáveis (se as comportamentais ou imagens cerebrais) eram capazes de prever o desempenho aritmético. Seus dados revelaram que somente as medidas de fMRI foram capazes de prever as habilidades aritméticas sob estudo, sugerindo que dados de neuroimagem podem ser biomarcadores confiáveis para identificar crianças com risco de baixo desempenho em estágio inicial. Educacionalmente, a descoberta de tais marcadores neurais possibilitaria ao professor compreender como está o desenvolvimento matemático do aluno antes de uma instrução formal ou como ocorrem suas diferentes trajetórias de desenvolvimento.

Figura 3 – Diagrama das vias aferentes pelas quais informações do coração e do sistema cardiovascular modulam a atividade cerebral. Observe que, dependendo da experiência emocional (positiva ou negativa), a VFC pode se tornar mais errática (lado esquerdo) ou mais sincronizada (lado direito). Essas conexões podem afetar circuitos de processamento emocional como a amígdala, facilitando ou inibindo a função cortical. Assim, as emoções, refletidas nos padrões da VFC, afetam funções cognitivas e emocionais no cérebro. (Adaptado de Bradley *et al.*, 2010). Na pesquisa de Moura-Silva *et al.* (2019), encontrou-se baixa entropia na VFC em crianças com alta ansiedade matemática, refletindo baixa adaptabilidade frente a situações estressoras.

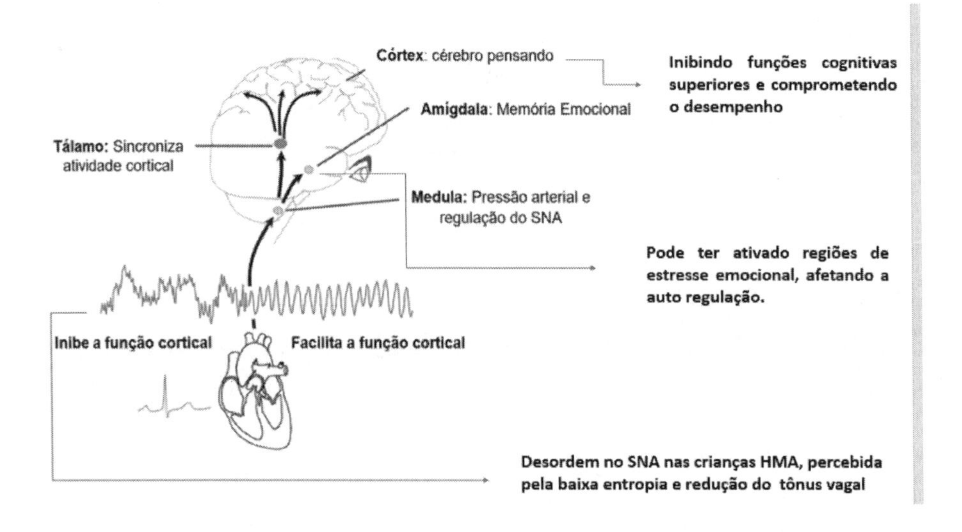

Mais recentemente, as descobertas de Moura-Silva *et al.* (2019) também possibilitou encontrar marcadores biológicos para ansiedade matemática – um transtorno emocional de aprendizagem, na variabilidade da frequência cardíaca (VFC) em crianças escolares. Os autores descobriram que, em condições de repouso, a complexidade da VFC é aumentada em crianças com alta ansiedade matemática e que essa complexidade diminui quando este mesmo grupo está sob condição de estresse, como um teste de aritmética mental, por exemplo (Figura 3). Tais resultados podem orientar o trabalho do professor no sentido de avaliar e gerenciar um transtorno de aprendizagem matemático específico, como a ansiedade matemática, em contextos escolares, a partir de um sinal biológico mais facilmente manipulável que aqueles relacionados à imagem cerebral.

Neurointervenção

A neurointervenção refere-se ao uso reflexivo dos resultados neurocientíficos para informar intervenções educacionais ou mensurar seus efeitos no desempenho e na aprendizagem matemática. O cuidado com o uso de tais conhecimentos neuro-científicos, entretanto, deve ser observado, no sentido de que não seja prescritivo, mas sugestivo a ponto de ser combinado com princípios pedagógicos. Há vários relatos de neurointervenção aplicados a desenvolvimentos matemáticos atípicos, como a discalculia, dos quais fizeram uso de softwares capazes de gerar significado numérico ou treinar magnitudes numéricas que são alterados nessa população, conforme discutido anteriormente.

Outras abordagens de neurointervenção são baseadas em método de estimulação elétrica transcraniana (EET). No EET, uma pequena corrente elétrica (normalmente cerca de 1-2 mA) não invasiva é aplicada no cérebro através de eletrodos fixados no couro cabeludo. Tal corrente tem a função de alterar níveis de ativação de regiões corticais. Cohen Kadosh *et al.* (2010) examinaram em um grupo de universitários se a EET aplicada na região parietal poderia influenciar de maneira benéfica a aquisição de símbolos numéricos fictícios. Descobriu-se que a estimulação de 20 minutos diários antes de sessões de aprendizagens resultou em maior automação procedimental, gerando efeitos de aprendizagem de longo prazo nos estudantes que receberam estimulação transcraniana. Ressalta-se, entretanto, que neste caso, o uso desses resultados na sala de aula se torna mais limitado.

Em contrapartida ao estudo anterior, os relatórios de Lee *et al.* (2007, 2010) apresentaram resultados mais ecológicos para a sala de aula. Em tais estudos, investigou-se se os processos cognitivos implicados na solução de um problema algébrico são os mesmos de quando se usa expressões algébricas ou representação pictórica (modelos esquemáticos). Dezoito participantes, proficientes em ambas as estratégias de resolução, solucionaram o problema via equação e via modelo esquemático, constatando-se a ativação de áreas vinculadas a memória de trabalho e procedimento quantitativo. Os autores concluíram que ambas as estratégias usam processos cognitivos semelhantes, mas o método de equação impôs maior demanda de atenção ao cérebro, quando comparada ao método do modelo esquemático. Tal evidência pode ser considerada útil ao professor que ensina matemática sobre quando e como tais métodos podem ser introduzidos em sala de aula.

Outro resultado interessante foi desenvolvido por Babai *et al.* (2016), que investigaram os efeitos de uma intervenção pedagógica para o ensino de perímetro de figuras planas, baseando-se na evidência da variável relevante. Anteriormente, um estudo de imagem cerebral relacionado à tarefa de comparação de perímetros sugeriu que aumentar o nível de saliência da variável relevante, perímetro, aumentaria o desempenho dos participantes (Stavy, 2006). Pautados em tais evidências, autores aumentaram o nível de saliência da variável relevante (perímetro), cobrindo as figuras com várias unidades de palitos de fósforo, chamadas pelos autores de modo de apresentação discreta, em contraste com o modo de apresentação contínua, que consistia em desenhá-los continuamente no papel (Figura 4).

Figura 4 – Intervenção Didática baseada em resultados neurocientíficos – o uso de apresentações discretas e contínuas em relação ao ensino de perímetro de figuras planas.

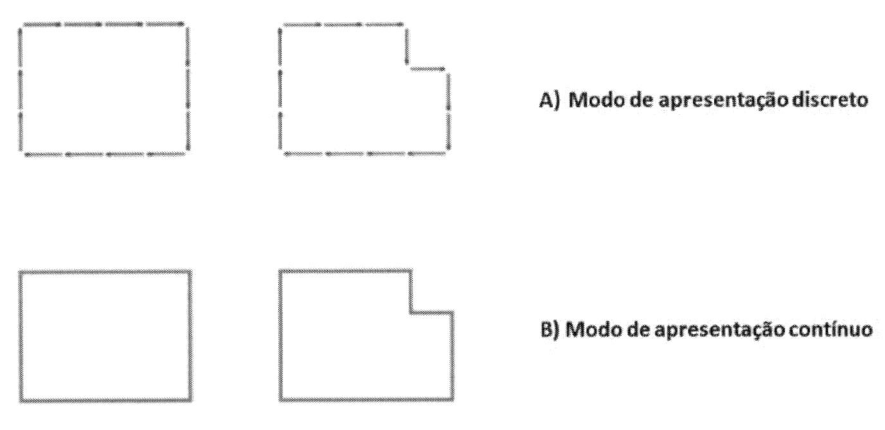

Fonte: Babai *et al.* (2016).

O aumento de saliência, segundo os autores, atraiu a atenção dos participantes e oportunizou o uso de estratégias comumente utilizadas na resolução de tarefas dessa natureza, como mover/contar segmentos ou aplicar conhecimentos geométricos. Os resultados indicaram aumento de desempenho quando os alunos foram expostos ao modo de apresentação discreto, e sucesso no modo contínuo, após terem tido contato com a primeira intervenção (ou seja, após realizadas as tarefas de modo discreto). Resultados dessa natureza evidenciam uma conexão producente entre educação matemática e neurociência, informando qual o melhor modo ou ordem de apresentação de problemas para os alunos, impactando sobremaneira o modo como o professor conduz ou planeja suas aulas.

Conclusão

Como principal instrumento de trabalho do professor, é surpreendente que o conhecimento sobre como o cérebro aprende matemática não esteja efetivamente presente na identidade profissional, revelada pelo discurso, pelos contextos formativos ou pelas práticas de ensino. Como discutido, os resultados neurocientíficos, combinados com resultados comportamentais e educacionais podem possibilitar práticas mais amplas e informadas, encontrando respaldos científicos para além dos saberes experienciais. A aprendizagem matemática, como um processo mental e emocional, não pode ser considerada isoladamente de nossa fisiologia, mas, pelo contrário, deve ser entendida como parte integrante das diversas funções interativas e complexas que compõem o organismo do aprendente. Como já informado em Dubinsky, Roehrig e Varma (2013), uma mudança ontológica na forma como professores concebem a aprendizagem humana tem a capacidade de mudar fundamentalmente a forma como os educadores abordam a preparação de aulas e o projeto curricular. Torna-se necessário uma alfabetização neurocientífica, para além das formações psicológicas e educacionais, de modo a averiguarmos os impactos reais que a neurociência poderá trazer para o professor e para seu desenvolvimento profissional.

Referências

ALSUP, J. **Teacher identity discourses**: Negotiating personal and professional spaces. Teacher identity Discourses, 1-234, outubro, 2006. doi: 10.4324 / 9781410617286

ANSARI, D. Effects of development and enculturation on number representation in the brain. **Nature Reviews Neuroscience**, 9(4):278-291, abril, 2008. doi:10.1038/nrn2334.

ANSARI, D; COCH, D.; DE SMEDT, B. Connecting Education and Cognitive Neuroscience: Where will the Journey Take us? **Educational Philosophy and Theory**. 43 (1): 36-41, fevereiro, 2011. doi: 10.1002/9781444345827.ch6.

BABAI, R.; NATTIV, L.; STAVY, R. Comparison of perimeters: improving students' performance by increasing the salience of the relevant variable. **ZDM: the international journal on mathematics education**. 48 (3): 379-383, Junho, 2016. doi:10.1007/ s11858-016-0766-z.

BEAUCHAMP, C; THOMAS, L. Understanding teacher identity: an overview of issues in the literature and implications for teacher education. **Cambridge Journal of Education**, Abingdon, v. 39, n. 2, p. 175-189, Maio, 2009.

BEYNON, C. Crossing over from student to teacher: Negotiating an identity. Canadá. 1997. **Tese de Doutorado**. Department of Education. University of Toronto, 1997.

BRUER, J. T. Education and the brain: a bridge too far. **Educational Researcher**, 26(8), 4 16, setembro, 1997.

BUCHANAN, T. W.; TRANEL, D. Stress and emotional memory retrieval: effects of sex and cortisol response. **Neurobiol Learn Mem**. 89(2):134-141, fevereiro, 2008. doi: 10.1016/j. nlm.2007.07.003

BUTTERWORTH, B.; VARMA, S.; LAURILLARD, D. Dyscalculia: from brain to education. **Science**, 332 (6033), 1049–1053. Maio, 2011. doi: 10.1126 / science.1201536

CAMPBELL, J. ID; ALBERTS, N. M. Operation-specific effects of numerical surface form on arithmetic strategy. **Journal of Experimental Psychology**: Learning, Memory, and Cognition, 35(4): 999-1011, Agosto, 2009. doi: 10.1037 / a0015829

COFFIELD, F.; MOSELEY, D.; HALL, E.; ECCLESTONE, K. **Learning Styles and Pedagogy in Post-16 Learning**. A Systematic and Critical Review. London: Learning and Skills Research Centre. Disponível em: http://evidence.thinkportal.org/handle/123456789/62, acesso em: 20/09/2020., 2004.

DE SMEDT, B.; HOLLOWAY, I. D.; ANSARI, D. Effects of problem size and arithmetic operation on brain activation during calculation in children with varying levels of arithmetical fluency. **Neuroimage** 57(3): 771–781, Dezembro, 2010.

DE SMEDT, B.; GRABNER, R. H. Applications of Neuroscience to Mathematics Education. **The Oxford Handbook of Numerical Cognition**, p.1-17, novembro, 2014. doi: 10.1093/ oxfordhb / 9780199642342.013.48

DEHAENE, S. Origins of mathematical intuitions: the case of arithmetic. **Annals of the New York Academy of Sciences**, Vol. 1156 (1): 232-259, Março, 2009. doi: 10.1111 / j. 1749-6632.2009.04469.x.

DEKKER, S.; LEE, N. C.; HOWARD-JONES, P.; JOLLES, J. Neuromyths in education: Prevalence and predictors of misconceptions among teachers. **Front**. Psychology 3:429. agosto, 2012. doi: 10.3389/fpsyg.2012.00429

DELAZER, M; DOMAHS, F; BARTHA, L; BRENNEIS, C; LOCHY, A; TRIEB, T; BENKE, T. **Learning complex arithmetic** – an fMRI study, Cognitive Brain Research, 18(1): 76-88, Dezembro, 2003. doi: https://doi.org/10.1016/j.cogbrainres.2003.09.005

DELAZER, M.; DOMAHS, F.; LOCHY, A.; KARNER, E.; BENKE, T.; POEWE, W. Number processing and basal ganglia dysfunction: A single case study, **Neuropsychologia**, Vol. 42(8): 1050-1062, 2004. doi: 10.1016/j.neuropsychologia.2003.12.009

DICK, F.; LLOYD-FOX, S.; BLASI, A.; ELWELL, C.; MILLS, D. Neuroimaging methods. *In:* D. Mareschal, B. Butterworth, & A. **doctoral dissertation**, OISE/UofT, 2014.

DOWKER, A.; BENNETT, K.; SMITH, L. Attitudes to Mathematics in Primary School Children, **Child Development Research**, 8(2012), novembro, 2012. doi: 10.1155 / 2012/124939

DRAKE, C.; SPILLANE, J. P.; HUFFERD-ACKLES, K. Storied identities: teacher learning and subject-matter context. **Journal of Curriculum Studies**, Abingdon, 33(1): 1-23, 2001. DOI: https://doi.org/10.1080/00220270119765.

DUBINSKY, J. M; ROEHRIG, G.; VARMA, S. Infusing Neuroscience Into Teacher Professional Development. **Educational Researcher** 42(6):317-329, Agosto, 2013. doi: 10.3102/0013189X13499403.

FISCHER, K. W. Mind, brain, and education: building a scientific ground work for teaching and learning. **Mind, Brain and Education**, 3(1): 3–16, março, 2009.

FREITAS, E. Troubling teacher identity: preparing mathematics teachers to teach for diversity. **Teaching Education**, Abingdon. 19 (1): 43-55, março, 2008. doi: 10.1080 /10476210701860024

GEARY, D. C. "From infancy to adulthood: The development of numerical abilities", **European child and adolescent psychiatry**, Vol. 9(2): S11-S16, junho, 2000. disponível em: https://web. missouri.edu/~gearyd/ECAPsychiatry.pdf, acesso em 20/09/2020.

GILMORE, C. K.; MCCARTHY, S. E.; SPELKE, E. S. Symbolic arithmetic knowledge without instruction. **Nature** 447, 589–592, maio, 2007.

GOOS, M. E.; BENNISON, A. Developing a communal identity as beginning teachers of mathematics: emergence of an online community of practice. **Journal of Mathematics Teacher Education**, Dordrech, 11(1):41-60, Dezembro, 2008.

GOSWAMI, U.; SZÜCS, D. Educational neuroscience: developmental mechanisms: towards a conceptual framework. **Neuroimage**, 57(3): 651–658, agosto, 2011. Doi:10.1016/j. neuroimage.2010.08.072

GOSWAMI, U. Neuroscience and education: from research to practice? **Nature Reviews of Neuroscience**. 7(5): 406-413, abril, 2006.

GRABNER, R. H.; ANSARI, D.; KOSCHUTNIG, K., REISHOFER, G.; EBNER, F. The function of the left angular gyrus in mental arithmetic: evidence from the associative confusion effect. **Hum. Brain. Mapp**. 34 (5): 1013-1024, Maio 2013. doi: 10.1002/hbm.21489. Epub

GRABNER, R. H; ANSARI, D.; KOSCHUTNIG, K.; REISHOFER, G.; EBNER, F.; NEUPER, C. To retrieve or to calculate? Left angular gyrus mediates the retrieval of arithmetic facts during problem solving, **Neuropsychologia**, Vol. 47(2): 604-608, janeiro, 2009. doi: http://dx.doi.org/10.1016/j.neuropsychologia.2008.10.013.

HOBBS, L. Teaching 'out-of-field' as a boundary-crossing event: factors shaping teacher identity. **International Journal of Science and Mathematics Education**, Dordrecht, v. 11, n. 2, p. 271-297, Agosto, 2012.

HOWARD-JONES, P. Introducing Neuroeducational Research. **Neuroscience, Education, and the Brain from Contexts to Practice**. London: Routledge, 2010.

HUMPHREYS, G. W. *et al.* BCoS: **Brain behaviour analysis**, Psychology Press, London, 2012.

ISCHEBECK, A.; ZAMARIAN, L.; SCHOCKE, M.; DELAZER, M. Flexible transfer of knowledge in mental arithmetican fMRI study. **Neuroimage**, 44(3),1103-1112, fevereiro 2009. doi:10.1016/j.neuroimage.2008.10.025.

ISCHEBECK, A.; SCHOCKE, M.; DELAZER, M. The processing and representation of fractions within the brain: An fMRI investigation, **Neuroimage**, 47(1), 403-413, abril 2009. doi: 10.1016 / j.neuroimage.2009.03.041

IZARD, V.; SANN, C.; SPELKE, E.; STRERI, A. Newborn infants perceive abstract numbers, **Proceeding of the National Academy of Science USA**, 106(25):10382-10385, junho 2009. doi: 10.1073/pnas.0812142106

KATZIR, T.; PARÉ-BLAGOEV, J. Applying cognitive neuroscience research to educa- tion: The case of literacy. **Educational Psychologist**, 41(1), 53–74, Março 2006. doi.org/10.1207/ s15326985ep4101_6

KENSINGER, E. A.; SCHACTER, D. L.; LEWIS, M.; HAVILAND-JONES, J. M.; BARRETT, L. F. Memory and emotion. APA PsycNet, **Handbook of Emotions**, Guilford Press, 601-617, 2008.

KUCIAN, K.; ASHKENAZI, S. S.; HÄNGGI, J.; ROTZER, S.; JÄNCKE, L.; MARTIN, E.; ASTER, von A. Developmental dyscalculia: A dysconnection syndrome?. **Brain Structure and Function**, 219 (5), 1721-33, Setembro 2014. doi.org/10.1007/ s00429-013-0597-4.

LANDERL, K.; BEVAN, A.; BUTTERWORTH, B. Developmental dyscalculia and basic numerical capacities: A study of 8–9-year-old students". **Cognition**, 93(2),99-125, outubro 2004. doi: 10.1016/j.cognition.2003.11.004.

LEE, K.; LIM, Z. Y.; YEONG, S. H. M.; NG, S. F.; VENKATRAMAN, V.; CHEE, M. W. L. Strategic differences in algebraic problem solving: neuroanatomical correlates. **Brain Research**, 1155,163–171, junho, 2007.doi.org/10.1016/j.brainres.2007.04.040

LEE, K.; YEONG, S. H. M.; NG, S. F.; VENKATRAMAN, V. Computing solutions to algebraic problems using a symbolic versus a schematic strategy. **ZDM: The International Journal on Mathematics Education**, 42(6), 591–605, Outubro de 2010. doi: 10.1007/ s11858-010-0265-6.

LEIKIN R. How Can Cognitive Neuroscience Contribute to Mathematics Education? Bridging the Two Research Areas. n book: Invited Lectures from the 13th International Congress on Mathematical Education (pp.363-383) **Project: Implementing Neuroscience tools to Mathematics Education Research**. Janeiro, 2018. DOI: 10.1007/978-3-319-72170-5_21.

LOOI, Y. H.; THOMPSON, J.; KRAUSE, B.; KADOSH, R. C. The Neuroscience of Mathematical Cognition and Learning. **OECD Education Working Papers** 136, OECD Publishing, 2016. doi: 10.1787 / 5jlwmn3ntbr7-en.

LUTOVAC, S.; KAASILA, R. Pre-service teachers' future-oriented mathematical identity work. **Educational Studies in Mathematics**, 85: 129 - 142, julho 2014.

MALONEY, E. A.; BEILOCK, S. L. Math anxiety: Who has it, why it develops, and how to guard against it. **Trends in cognitive sciences**, 16 (8): 404-406, julho de 2012. doi: 10.1016 / j.tics.2012.06.008.

MOURA-SILVA, M. G.; BENTO-TORRES, J.; GONÇALVES, T. O. Manifestações subjacentes da ansiedade matemática no sistema nervoso autônomo: uma análise da Variabilidade da Frequência Cardíaca, Desempenho Matemático e Função Executiva em Crianças Escolares. Belém; UFPA, 2019. **Tese de doutorado**, Instituto de Educação Matemática e Científica, Universidade Federal Pará, Belém, 2019.

OBERSTEINER, A.; TUMPEK, C. Measuring fraction comparison strategies with eye-tracking. **ZDM Mathematics Education**, 48, 255-266, outubro 2016. doi. org/10.1007/ s11858-015-0742-z

OLIVEIRA, M. C. S. L. Narrativas e desenvolvimento da identidade profissional de professores. **Cadernos CEDES**, Campinas, 32(88),369-378, Dezembro, 2012.

OWENS, K. The impact of a teacher education culture-based project on identity as a mathematically thinking teacher. **Asia-Pacific Journal of Teacher Education**, 42(2), 186-207, abril 2014. Doi: 10.1080 / 1359866X.2014.892568

ROTZER,S.;KUCIAN,K.;MARTIN,E.;VON,A.M.;KLAVER,P.;LOENNEKER, T. Optimized voxel-based morphometry in children with developmental dyscalculia. **Neuroimage**, 39(1), 417- 422, janeiro de 2008 doi:10.1016/j.neuroimage.2007.08.045.

RYKHLEVSKAIA, E.; UDDIN, L. Q.; KONDOS, L.; MENON, V. Neuroanatomical correlates of developmental dyscalculia: combined evidence from morphometry and tractography. **Front Hum Neurosci.**; 3:51. Novembro 2009. doi:10.3389/ neuro.09.051.2009

SFARD, A.; PRUSAK, A. Telling Identities: *In*: Search of an Analytic Tool for Investigating Learning as a Culturally Shaped Activity. **Educational Researcher**, 34(4),14–22, Maio 2005. doi: 10.3102/0013189X034004014

STAVY, R.; GOEL, V.; CRITCHLEY, H.; DOLAN, R. Intuitive interference in quantitative reasoning. **Brain Research**, 1073–1074, 383–388, fevereiro, 2006. doi: 10.1016 / j.brainres.2005.12.011. .

SUPEKAR, K.; SWIGART, A. G.; TENISON, C.; JOLLES, D. D.; ROSENBERG-LEE, M.; FUCHS, L.; MENON, V. Neural predictors of individual differences in response to math tutoring in primary-grade school children. **Proc Natl Acad Sci USA**. 110(20):8230-8235, maio 2013. doi:10.1073/pnas.1222154110

VAN DER MEULEN, A.; KRABBENDAM, L.; RUYTER, D. Educational neuroscience: its position, aims and expectations. **British Journal of Educational Studies**, 63 (2), 229–243, 2015. doi:10.1080/00071005.2015.1036836

WATSON, C. Narratives of practice and the construction of identity in teaching. **Teachers and Teaching**. 12 (5): 509-526, Outubro, 2006. DOI: 10.1080 / 13540600600832213

WENGER, E. **Communities of practice**: learning, meaning, and identity. Cambridge: Cambridge University Press, 1998.

TAN, Y. S. M.; AMIEL, J. J. Teachers learning to apply neuroscience to classroom instruction: case of professional development in British Columbia, **Professional Development in Education**, novembro, 2019. doi: 10.1080/19415257.2019.1689522

ZAMARIAN, L.; ISCHEBECK, A.; DELAZER, M. Neuroscience of learning arithmetic Evidence from brain imaging studies. **Neuroscience & Biobehavioral Reviews**, 33(6), 909 925, junho, 2009. doi: https://doi.org/10.1016/j.neubiorev.2009.03.005

APRENDIZAGEM DO ALUNO: estratégias cognitivas para o estudo e fatores que influenciam o processo

Adriene Damasceno Seabra
http://orcid.org/0000-0002-4367-9098

Natáli Valim Oliver Bento-Torres
http://orcid.org/0000-0003-0978-211X

João Bento-Torres
http://orcid.org/0000-0002-9155-9445

RESUMO

Ao longo dos anos, houve o crescimento de evidências que fundamentam a ciência cognitiva para a aprendizagem significativa, considerando o planejamento eficiente do processo e a implementação de estratégias eficazes de ensino e aprendizagem. Todavia, fora do âmbito da pesquisa, poucos docentes e alunos estão cientes sobre tais evidências. Portanto, neste capítulo, o objetivo primordial é apresentar e discutir estratégias cognitivas de estudo e aprendizagem que oportunizam o melhor desempenho dos educandos, com base em evidências científicas, tais como: prática espaçada, intercalação, prática de recuperação, prática de elaboração, exemplos concretos e codificação dupla. Além disso, apresentamos também conceitos e informações sobre fatores que influenciam na aprendizagem, a saber: metacognição, *feedback*, neuromitos e motivação. Sendo assim, o presente capítulo reúne informações e estratégias para educadores, familiares e alunos interessados em melhorar a aprendizagem e a educação com base nas evidências científicas apresentadas no decorrer dos anos.

Palavras-chave: Educação, Aprendizagem, Ensino e Metodologias Ativas.

PARA COMEÇAR

A aprendizagem precisa ser entendida como um processo contínuo, influenciada por múltiplos fatores, que leva à aquisição de novos conhecimentos a partir de conhecimentos preexistentes. É necessário que o estudo para a retenção de novos conhecimentos e a implementação de estratégias eficazes de ensino e aprendizagem, seja um evento planejado e (re)avaliado ao longo do processo, e que o suporte didático pedagógico para tal seja oportunizado no sistema educacional.

Nos últimos anos, houve o crescimento de evidências que fundamentam a ciência cognitiva para a aprendizagem significativa e para o monitoramento e planejamento da eficiência desse processo (STAVNEZER; LOM, 2019; ABEL; BAUML, 2020; SOICHER *et al.*, 2020; STANTON *et al.*, 2021). Esses avanços derrubaram conceitos errados em neurociências (neuromitos), aprofundaram a compreensão sobre a metacognição, o *feedback* sobre as estratégias que podem facilitar o aprendizado eficiente e duradouro e, consequentemente, o desempenho acadêmico.

Em vista disso, o objetivo primordial deste capítulo é apresentar e discutir conceitos e informações sobre fatores que influenciam na aprendizagem, como: metacognição, *feedback*, neuromitos e motivação, além de algumas das estratégias para o estudo e aprendizagem que são recomendadas com base em evidências científicas. Vale notar que o estudo da aprendizagem humana é um campo complexo e com extensa literatura, portanto, neste ponto, não há a intenção de esgotar o conteúdo. Sendo assim, este capítulo é uma súmula para educadores, familiares e alunos interessados em melhorar a aprendizagem e a educação.

Metacognição

A metacognição refere-se à consciência ou análise dos próprios processos de aprendizagem ou pensamento (STANTON *et al.*, 2021). A metacognição compreende também na autorregulação – sendo a capacidade de instrumentar o próprio aprendizado: planejar, monitorar o sucesso e corrigir erros quando necessário –, sendo apropriada para um aprendizado eficaz. Em linhas gerais, pode-se ilustrar como sendo o conhecimento que o indivíduo possui sobre seus próprios processos cognitivos ou sobre o que está relacionado. Ilustrativamente, o indivíduo está envolvido em processos metacognitivos quando compreende e reflete que está apresentando mais dificuldade em aprender o conteúdo A do que o B, e assim identifica o que está sendo determinante para que tal situação ocorra. Nesse sentido, a metacognição também se refere à capacidade de refletir sobre o próprio desempenho (FLAVELL, 1979).

Estudantes com habilidades metacognitivas bem desenvolvidas possuem melhor desempenho acadêmico quando comparados aos colegas que ainda estão desenvolvendo tais habilidades (TANNER, 2012; STANTON *et al.*, 2021). A metacognição permite que o aluno monitore seu próprio entendimento, buscando estratégias apropriadas para aprender conceitos e resolver problemas encontrados durante o estudo. Ao avaliar, os discentes têm a possibilidade de ajustar seus planos, metas e estratégias de estudo, promovendo um aprendizado mais eficaz e eficiente.

O uso das estratégias sobre como estudar deve ser definido partindo do que se espera do aprendizado dos alunos e do que eles sabem sobre seu aprendizado. Portanto, a implementação de estratégias que estimulem processos metacognitivos deve ser discutida colaborativamente no ambiente escolar com objetivo de capacitar os alunos para selecionar e avaliar as melhores condutas para o seu aprendizado, de modo autônomo.

Ademais, acredita-se que os alunos aprendem de forma compartilhada, em pequenos grupos. Dessa forma, surge o conceito de metacognição social, ao qual é importante para apoiar o aprendizado do aluno durante as colaborações internas e externas à sala de aula. Nessa perspectiva, a metacognição social acontece quando os alunos compartilham suas ideias com seus pares, avaliam as ideias uns dos outros e as ideias geradas em conjunto pelo grupo (VEENMAN *et al.*, 2006). Os alunos também usam os preceitos da metacognição social quando avaliam, modificam e colocam em prática as estratégias uns dos outros para resolver problemas. Ao implementar estratégias de resolução de problemas, os alunos podem avaliar as hipóteses, previsões e interpretações dos outros alunos.

Nessa perspectiva, a metacognição e a metacognição social devem influenciar positivamente uma à outra. É importante frisar que, provavelmente, os alunos necessitem de orientação estruturada dos professores/tutores sobre como serem socialmente metacognitivos durante o processo de aprendizagem colaborativa com seus pares (STANTON *et al.*, 2021).

Neuromitos

Outra variável importante no processo de aprendizagem diz respeito aos *neuromitos*, que são conceitos errôneos sobre como o cérebro e a mente funcionam, relacionados à aprendizagem. Configuram como interpretações equivocadas, simplificações ou extrapolações de fatos cientificamente estabelecidos no estudo das neurociências, que foram transpostos para contextos aplicados – ensino e aprendizagem (ROUSSEAU, 2021).

Uma recente revisão sistemática (TORRIJOS-MUELAS *et al.*, 2021), avaliou 24 artigos publicados entre os anos de 2012-2020 e identificou que os neuromitos ainda são objetos de atenção e cuidado quase duas décadas após sua definição. Como resultado, a presente revisão identificou que o neuromito mais prevalente foi a crença no "estilo de aprendizagem" aparecendo em 91,3% dos artigos avaliados, sendo a mais comum entre professores e alunos. Em concordância, outra revisão sistemática (NEWTON; SALVI, 2020) avaliou 37 artigos e indicou uma alta prevalência entre os educadores, identificando que 95,4% dos professores concordam com a crença de que o ensino adequado aos "estilos de aprendizagem" é eficaz.

A crença no neuromito sobre "estilo de aprendizagem" sugere que para a aprendizagem ser bem-sucedida deve ser adaptada ao estilo – visual, auditivo ou cinestésico – preferido do aluno (ROUSSEAU, 2021). É fato que estímulos visuais, auditivos e cinestésicos podem contribuir para o aprendizado, e os professores/tutores devem usar diferentes estratégias para o ensino de conteúdos e para o trabalho com públicos-alvo específicos. Essa diversificação pode contribuir para a exposição adequada do conteúdo e facilitar o aprendizado, mas não há suporte para afirmar que cada aluno tenha melhor aprendizado com o uso de uma estratégia ("estilo") única.

Ainda na revisão de Torrijos-Muelas e colaboradores (2021), outro neuromito que apareceu com prevalência no ambiente educacional foi a afirmação de que os alunos devem ser classificados em "cérebro direito" e "cérebro esquerdo" como explicação para as diferenças individuais na aprendizagem (41,7% dos estudos). Os autores referem que tal mito provavelmente surgiu a partir das descobertas neuropsicológicas e de neuroimagem que demonstram que realmente há um certo grau de lateralização funcional de habilidades cognitivas, no entanto, apoiar a ideia de que há um hemisfério dominante ou com superioridade para "comandar" a aprendizagem não é apoiada pela neurociência.

Neste contexto, a proliferação da crença de neuromito em educadores é preocupante e está diretamente relacionada ao aprendizado e desenvolvimento do aluno, portanto, é crucial o esclarecimento sobre os efeitos negativos de neuromitos no ambiente educacional e nas práticas de ensino. Dessa forma, ambientes educacionais que não estão familiarizados com o conceito podem dedicar tempo e recursos equivocadamente para programas que não possuem validade científica. Além do mais, outros pontos negativos provenientes da crença, centram-se no fato de que crer em neuromitos compromete a prática baseada em evidências na educação, demonstrando o desconhecimento científico e a baixa qualidade das fontes consultadas. Ademais, a prática educacional influenciada por neuromitos afasta cada vez mais os professores de cursos de formação baseados no conhecimento científico adequado sobre o funcionamento cerebral (NEWTON; SALVI, 2020; ROUSSEAU, 2021).

Tomando como base os argumentos evidenciados até então, seria imperativo que as instituições de ensino oportunizassem o conhecimento baseado em neuroeducação para seus professores, tanto na formação inicial como continuada. Portanto, como sugestão para a dissipação do pensamento equivocado, algumas medidas poderiam ser tomadas, como: 1) aprimoramento do conteúdo científico nos locais de ensino; 2) conteúdo baseado em evidências presentes na formação de professores; 3) o estabelecimento de um elo de vínculo e pesquisa com áreas afins, oportunizando que profissionais de todos os níveis de ensino tenham acesso às descobertas científicas (ROUSSEAU, 2021; TORRIJOS-MUELAS *et al.*, 2021).

Feedback imediato

O *feedback* imediato é um dos fatores que influenciam a formação do discente e o aprendizado. A prática consiste em dar informações críticas e úteis, de modo imediato sobre o desempenho na realização de atividades ou tarefas, sobre comportamentos e atitudes do discente, de modo a contribuir para a sua aprendizagem contínua. Considerando os preceitos da teoria da aprendizagem, o *feedback* imediato objetiva dar retorno sobre o desempenho na realização de tarefas e de comportamentos e atitudes para, em uma alça de retroalimentação contínua, contribuir para a melhora do desempenho acadêmico do estudante.

Essa prática visa aumentar a consciência metacognitiva e social dos discentes e lhes dar informações construtivas sobre seus pontos fortes e aspectos que necessitam melhorar para o desenvolvimento de conhecimento, habilidades e atitudes, não devendo ser atrasado (WATLING; GINSBURG, 2019; LEUNG *et al.*, 2022).

É fundamental que o *feedback* possa ser realizado de modo individualizado, construtivo e respeitoso, em ambiente seguro, amistoso e de respeito profissional. O *feedback* não precisa ser longo. Deve sempre valorizar pontos positivos e negativos da compreensão do conteúdo ou de habilidades e atitudes do estudante para apontar pontos a serem melhorados pelo discente e caminhos de aperfeiçoamento (Figura 1). Apesar de normalmente o *feedback* ser dado do professor(a) ou tutor(a) ao discente, também é desejável que possa acontecer entre os pares (de um discente para o outro) e do discente ao professor, sempre assumindo postura profissional por todas as partes.

A prática do *feedback* imediato faz parte do processo de aprendizagem e pode ser feito associado a uma avaliação somativa ou de modo independente, como parte da avaliação formativa do discente. Pode ajudar a desenvolver autoconfiança, com impactos positivos no estabelecimento de metas e motivação para o estudo (LEUNG *et al.*, 2022).

O *feedback* surge como uma boa prática que objetiva deixar de lado uma cultura de aprendizagem focada apenas na avaliação, a qual pode limitar a sensação de segurança dos alunos para explorar, experimentar e, às vezes, falhar. O erro é entendido como parte do processo de aprendizagem e os julgamentos sobre as competências dos alunos também é deixado de lado e abre espaço para gerar oportunidades que orientem o aprendizado significativo. Nesse sentido, a combinação bem-sucedida de avaliação e *feedback* oportuniza reflexão crítica para os alunos e exige um compromisso sistêmico que visa a melhoria do ensino, ao invés de uma cultura que visa somente o desempenho (WATLING; GINSBURG, 2019).

Figura 1 – O *feedback* como catalisador da aprendizagem, a partir da orientação sobre os pontos fortes, a identificação de pontos para melhora e orientações sobre como melhorar.

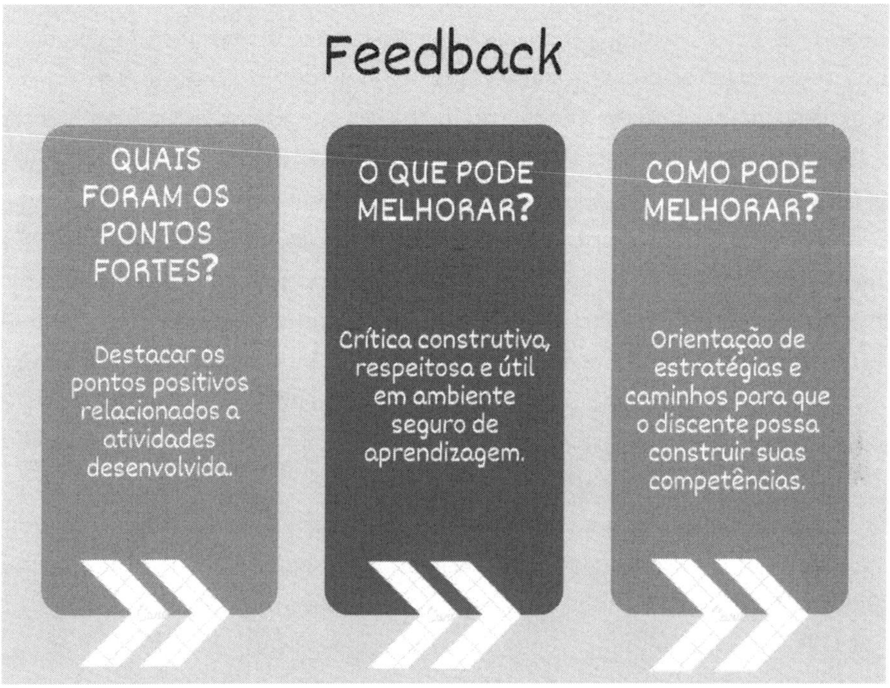

Fonte: Imagem elaborada pelos autores.

Motivação

A motivação refere-se à tendência natural e intrínseca de ir em busca de novidades, desafios e ampliação da própria capacidade de explorar e aprender (DI DOMENICO; RYAN, 2017). Quando motivados, os alunos se envolvem nas atividades porque as consideram interessantes e inerentemente satisfatórias. Ambientes de aprendizagem seguros que proporcionam motivação, reflexão e interação entre os pares, produzem impactos cognitivos positivos que influenciam o desenvolvimento acadêmico dos alunos (MAHAN; STEIN, 2014).

O sistema educacional tem o desafio de estimular a motivação dos alunos para aprender, sendo um tema central e importante. Dessa forma, seria mais interessante motivar as crianças com recompensas por alcançar uma nota alta ou serem motivadas a espontaneamente buscar informações desconhecidas?

O primeiro depende da motivação extrínseca (mediada pelo ambiente), que se refere a fazer coisas para obter recompensas externas e tangíveis, como boas notas e elogios. A segunda refere-se à motivação intrínseca, que está envolvida no ato de fazer as coisas seguindo um desejo interno, como a curiosidade. Cognitivamente, ambas – motivação intrínseca e extrínseca – podem facilitar a formação da memória e modificar o comportamento direcionado a objetivos (DUAN *et al.*, 2020).

Nessa perspectiva, a motivação é um fenômeno cognitivo e comportamental, mediado por um complexo processo neural que envolve o sistema de recompensa do sistema nervoso central. Dentre o amplo sistema de neurotransmissores envolvido na neurobiologia da motivação, destacamos a dopamina, um neuromodulador que melhora a atividade neural (PETERS; CHEER; TONINI, 2021) e está associada à flexibilidade cognitiva e à criatividade (DI DOMENICO; RYAN, 2017; DUAN *et al.*, 2020).

A motivação pensada aqui neste contexto como automotivada e movida pela curiosidade – "motivação para saber" – interage com o conhecimento prévio, potencializa novas aprendizagens e melhora o desempenho da memória (DUAN *et al.*, 2020). Coerentemente, a presença de motivação impacta positivamente o nível de engajamento dos alunos nas atividades acadêmicas (ORSINI; BINNIE; WILSON, 2016), favorecendo seu envolvimento, participação e aprendizado, além do amadurecimento, tanto de aspectos pessoais (como curiosidade e criatividade), quanto de questões acadêmicas, como aprofundamento nos conteúdos e uso de melhores técnicas de estudo (KUSURKAR *et al.*, 2013), contemplando características fundamentais para o desenvolvimento escolar e acadêmico no futuro.

Estratégias de aprendizagem

O uso de estratégias de aprendizagem para o desenvolvimento das atividades docentes em sala de aula é fundamental. Ao mesmo tempo, orientar e dar suporte aos discentes para compreenderem e utilizarem as melhores estratégias de aprendizagem pode promover engajamento e autonomia em gerenciar seu próprio aprendizado (ABEL; BAUML, 2020; SOICHER *et al.*, 2020). As estratégias selecionadas nesse escopo incluem: prática espaçada, intercalação, prática de recuperação, prática de elaboração, exemplos concretos e codificação dupla.

Abaixo, as estratégias serão didaticamente explanadas, de maneira individual, porém podem ser utilizadas de forma conjunta no dia a dia da rotina educacional, pois o objetivo específico também consiste na aplicação da ciência da aprendizagem na sala de aula como ferramenta para melhor desempenho do aluno.

Prática Espaçada

A aprendizagem espaçada (ou distribuída) configura-se como a prática de estudar o material de modo distribuído em diferentes dias, com intervalos variáveis entre os dias de estudo. Tal estratégia contrasta com o estudo de todo o conteúdo em uma única sessão e, ao mesmo tempo (prática em massa ou bloco), sem interrupções. Evidências apoiam a afirmação de que o estudo distribuído de modo espaçado ao longo do tempo levará a maior retenção da informação a longo prazo (KORNELL *et al.*, 2010; DUNLOSKY *et al.*, 2013; WEINSTEIN *et al.*, 2018).

Os estudos sobre a prática espaçada são registrados desde o século passado, e desde então as pesquisas examinaram os efeitos do espaçamento, tanto em laboratório quanto na sala de aula. De lá pra cá, o efeito benéfico da *prática espaçada* para a aquisição e retenção da informação tem sido reconhecido e é um dos comportamentos de aprendizado que impacta positivamente o sucesso acadêmico (CARPENTER *et al.*, 2012; KORNELL *et al.*, 2010; BENJAMIN; TULLIS, 2010; WALSH *et al.*, 2022). No teste de memória, o desempenho geralmente é melhor para informações que foram espaçadas ao invés de agrupadas e, embora a maior parte dos participantes sejam alunos adultos jovens, os benefícios do espaçamento também foram demonstrados com crianças de diferentes níveis escolares (CARPENTER *et al.*, 2012).

O conceito de aprendizagem espaçada pode ser aplicado amplamente na prática pedagógica. Uma estratégia eficaz concentra-se na oportunidade de relembrar os conteúdos ao longo do semestre, ou mesmo em semestres futuros. Como exemplo, os professores podem oportunizar a revisão conteúdos-chave ofertados no início do semestre em breves revisões semanais ou mensais anteriores à avaliação final (BENJAMIN; TULLIS, 2010; DUNLOSKY *et al.*, 2013). É sabido que tal proposta envolve um planejamento inicial que pode ser de difícil execução considerando as questões do tempo e obrigatoriedade curricular, porém, a mesma deve ser provisionada desde o planejamento do semestre letivo.

Em segundo plano, o professor/tutor pode orientar os discentes a planejarem seus estudos e, dessa forma, atribuir a responsabilidade e o protagonismo ao próprio aluno (considerando principalmente os alunos de turmas mais experientes – ensino médio e superior). Como exemplo, universitários que necessitam melhorar suas habilidades podem ser estimulados a frequentar os ambientes de prática de trabalho de forma regular, ao invés de permanecer de forma intensiva por 3 semanas. A imagem abaixo (Figura 2) apresenta um cronograma semanal de estudos com a prática espaçada.

Figura 2 – Exemplo de planejamento de estudo semanal, estruturado a partir da Prática Espaçada.

Planejamento de estudo semanal

segunda	terça	quarta	quinta	sexta	sábado
Matemática Ciências	Hisória Geografia	Ciências Português	Matemática História	Geografia Português	
					domingo
					Descansar

lembrar	fazer	importante
1. Fazer pausas no estudo para me movimentar 2. Dormir pelo menos 8 a 10 horas por noite	1. Fazer exercício físico!	

Fonte: Imagem elaborada pelos autores.

O espaçamento em mais dias de estudo, independentemente do intervalo entre os dias, é sempre superior à aprendizagem que agrupa o conteúdo. Por exemplo, um tempo total de estudo de 2h é mais eficaz quando usado como 4 sessões de 30min, quando comparado com uma sessão única de 2 horas. Um ponto controverso refere-se aos intervalos entre as sessões de estudo: intervalos mais longos entre sessões geralmente estão associados à melhor retenção a longo prazo (desde que o intervalo entre estudos não seja tão grande a ponto de o aluno esquecer completamente o episódio anterior) (CARPENTER *et al.*, 2012; KORNELL *et al.*, 2010), mas evidências recentes não apontam diferenças no aprendizado e retenção após estudos de prática espaçada com diferentes intervalos entre sessões (WALSH *et al.*, 2022).

Por fim, orientações e direcionamentos simples podem conduzir melhor o aluno para uma adequada organização do seu cronograma de estudos considerando o espaçamento. Sendo elas, a saber: 1) o planejamento dos estudos deve iniciar precocemente (considerando o período de avaliações), sendo reservado um tempo semanal (distribuído na semana em intervalos menores de tempo); 2) a informação da aula deve ser estudada, porém não imediatamente. Organize os horários para ela ser vista ainda na mesma semana; 3) depois de ter estudado a matéria mais recente, vale a pena rever conteúdos passados e assim aproveitar o efeito cumulativo do estudo.

Deixamos aqui disponível um modelo de planejamento semanal para ser usado como modelo para o seu planejamento ou de seu aluno(a).

Planejamento de estudo semanal

segunda	terça	quarta	quinta	sexta	sábado
					domingo

lembrar	fazer	importante

Prática de Intercalação

Outra importante estratégia pedagógica que apresenta evidências científicas benéficas ao aprendizado é a intercalação. A intercalação (ou entremeio) acontece quando ideias ou problemas diferentes são abordados de forma sequencial, ao contrário do método mais utilizado que é fazer várias versões do mesmo problema em uma mesma sessão de estudo – "prática em bloco" (DUNLOSKY *et al.*, 2013; WEINSTEIN *et al.*, 2018).

Uma cena hipotética ilustra que o aluno necessita estudar conteúdos de matemática e, portanto, é envolvido na "prática em bloco". Considerando este exemplo, ele seria exposto a um montante de problemas de subtração, para posteriormente ser exposto a um bloco de problemas de adição. Já na prática intercalada, o mesmo aluno é exposto tanto a problemas de adição, quanto a problemas de subtração apresentados em uma ordem intercalada e planejada. Nesse sentido, a literatura refere que a prática intercalada é uma maneira de adquirir efetivamente habilidades que podem ser retidas a longo prazo, induzindo geralmente um aprendizado superior em comparação com a prática realizada de forma repetitiva (LIN *et al.*, 2013). Weinstein e colaboradores (2018) sugerem que o benefício da intercalação é a alternância entre diferentes tipos de problema que permite aos alunos adquirir a capacidade metacognitiva de escolher o método eficaz para resolver diferentes problemas, ao invés de aprender apenas o método em si, não sabendo, portanto, aplicá-lo em diferentes situações.

A literatura clássica sobre o assunto traz o conceito de "dificuldades desejáveis", sugerindo que manipulações que tornam o desempenho mais difícil durante a prática podem melhorar a retenção a longo prazo. Nesse sentido, a prática intercalada torna-se desafiadora para os alunos, pois modifica o contexto durante o estudo, resultando assim em um aprendizado superior, já que diferentes tarefas são praticadas intercaladamente ao invés de uma ordem repetitiva e sugerindo que tal situação deve ser introduzida na prática de habilidades (BJORK; BJORK, 2011; LIN *et al.*, 2013). Apesar do aluno muitas vezes considerar a "prática em bloco" mais eficaz, pois torna a tarefa mais conhecida e fluente, consequência da repetição contínua, os achados indicam que a fluência é apenas imediata e os ganhos percebidos durante o treinamento não foram sustentados como aprendizado de longo prazo (BJORK; BJORK, 2011).

O artigo de Rohrer (2012) traz um exemplo do conteúdo de física para o qual propõem a intercalação de pequenos temas de um mesmo conteúdo. O autor refere que uma unidade sobre gravidade pode incluir três tarefas que seriam: três perguntas sobre pêndulos (a1a2a3), três questões sobre queda livre (b1b2b3) e outras com três questões sobre movimento inclinado (c1c2c3). No modelo de "prática em bloco", as questões ficariam da seguinte maneira: a1a2a3b1b2b3c1c2c3. Todavia, no modelo de prática intercalada, o mesmo conteúdo seria apresentado da seguinte forma: a1b1c1, a2b2c2, a3b3c3, alternando sempre conceitos relacionados (Figura 3).

Figura 3 – Exemplo da prática intercalada.

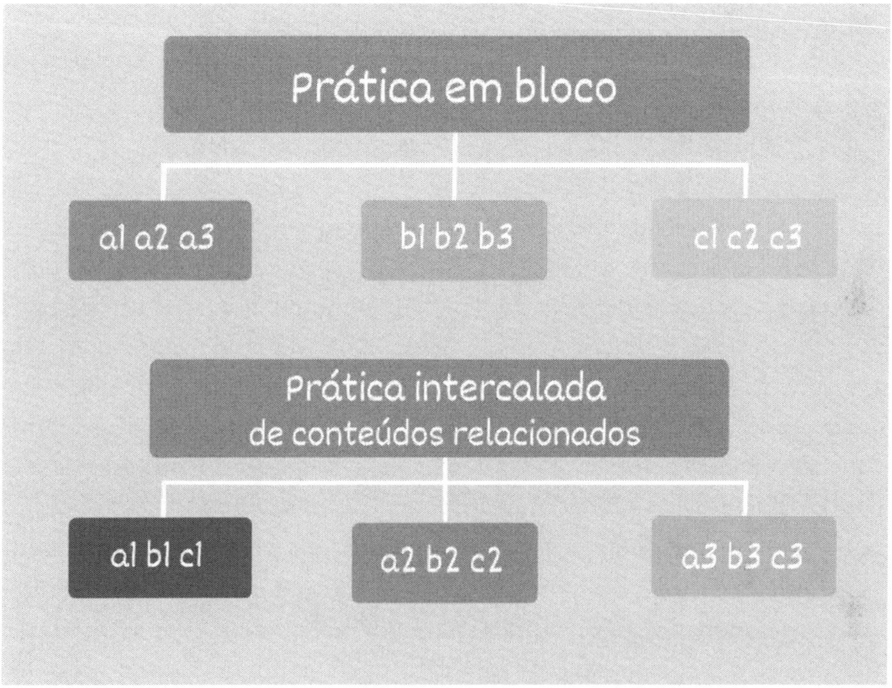

Fonte: Imagem elaborada pelos autores.

Um importante ponto a considerar é que a intercalação, enquanto estratégia educacional, deve ser planejada pelos docentes com a observação de que as pesquisas investigaram a intercalação de materiais que são relativamente próximos (resolver equações matemáticas com operações diferentes), ao invés de intercalar material de diferentes disciplinas. O professor/tutor deve ser o criador de oportunidades de intercalação nas tarefas de casa e de sala de aula, considerando os anos iniciais e somente incentivar/orientar a prática independente da técnica aos alunos de séries mais avançadas (DUNLOSKY *et al.*, 2013; WEINSTEIN *et al.*, 2018).

Em relação a esse constructo de aprendizagem, o professor deve sempre lembrar que: A) o aluno deve sempre ser estimulado a alternar entre temas diferentes que se somam para a compreensão de um conteúdo; B) o mesmo tema não deve ser estudado da mesma forma, por muito tempo; C) compreender as relações entre temas diferentes pode ser um ponto crucial para um aprendizado mais duradouro; D) a prática de intercalação bem executada pode ser adequadamente combinada com a prática de elaboração.

Prática de Recuperação

Em uma visão tradicional, acredita-se que o objetivo dos testes é apenas avaliar o que já foi aprendido. Todavia, no último século, as pesquisas sobre a prática de recuperação foram contraditórias ao pensamento acima. Os estudos sobre a prática de recuperação (também nomeado de Prática de Lembrar) centraram-se nas pesquisas sobre memória e adicionalmente pontuaram que o teste – visto aqui não somente como um método de avaliação, e sim como uma ferramenta de recuperação ativa de memórias – pode proporcionar benefícios para o aprendizado e a retenção de longo prazo em várias idades (ROEDIGER; BUTLER, 2011; WEINSTEIN *et al.*, 2018).

É importante destacar que os testes realizados como estratégia de recuperação não precisam compor a avaliação somativa do discente, mas são perguntas, questionários, recordatórios realizados ou respondidos sem consulta ao material de estudo visando criar parâmetros para o próprio discente sobre seu entendimento do conteúdo estudado. Para tanto, é importante que o discente, após realizar as avaliações, consulte seu material de estudo para a correção, o que orientará sobre seu aprendizado e necessidade de enfoque para complementação de estudo.

Evidências sobre o efeito dos testes, tanto em situações experimentais quanto em grupo de estudantes, revelaram que testar a própria memória (recuperação ativa – fato que acontece no decorrer da realização dos testes) é uma técnica de estudo poderosa para impulsionar o aprendizado (ROEDIGER; BUTLER, 2011; ROEDIGER *et al.*, 2011). Portanto, um conteúdo aprendido pode melhorar a memória posterior do material praticado muito mais do que a apresentação repetida do mesmo material. Em vista disso, o poder da prática de recuperação na consolidação de memórias tem implicações importantes, tanto para o estudo da memória quanto para a sua aplicação à prática educacional (WEINSTEIN *et al.*, 2018).

O estudo de Szupunar e colaboradores (2008) apresentou listas de palavras aos participantes, com a instrução de lembrar livremente de todas para um teste cumulativo final. Após a apresentação de cada uma das 4 primeiras listas, os participantes relembraram os itens da lista anterior ("grupo: recuperação"), estudavam novamente ("grupo: reestudo") ou completavam uma atividade distratora ("grupo: distrator"). Depois de estudar a última lista (lista-5), os participantes receberam um teste de recordação, no qual apenas os itens desta última lista deveriam ser relembrados. Os resultados indicaram que o "grupo: recuperação" recordou mais itens, em comparação com os grupos de reestudo e distração.

Portanto, nesse contexto, a prática de recuperação pode ser ferramenta didática útil em sala de aula. Os professores podem oferecer aos alunos testes práticos, oportunizar o aprendizado em equipes (para revisão ver BOLLELA *et al.*, 2014), ou até mesmo solicitar e incentivar estratégias baseadas em mapas conceituais. Vale esclarecer que neste ponto o efeito do uso dos testes como estratégia de recordar é considerando uma avaliação com caráter formativo e não somativo.

Outro ponto importante que justifica o uso de testes na prática escolar é a oportunidade da implementação do *feedback*, pois ao corrigir de modo imediato, pode-se proteger contra a perseveração no erro em testes futuros. Somado a isso, os testes produzem o efeito adicional da oportunidade de autoavaliação do aprendizado pelo aluno – denominado julgamento metacognitivo – melhorando dessa forma o desempenho, não somente da memória, como também do aprendizado futuro de novas informações (KUBIK *et al.*, 2022).

Outras práticas

Diferentes outras práticas são utilizadas como estratégias didáticas e estão naturalizadas na prática docente, como por exemplo a prática dos **Exemplos Concretos** e da **Dupla Codificação**, às vezes identificados com outras denominações.

Sabe-se que, durante todo o percurso escolar e acadêmico, os alunos são apresentados a conceitos e ideias-chave e que estes representam uma parte importante do conhecimento fundamental que precisam desenvolver para adquirir uma base de conhecimento cumulativo para o futuro. Dessa forma, um dos melhores preditores para o aprendizado de novas informações é o conhecimento prévio. Nesse sentido, especificamente, o uso de **Exemplos Concretos** pode ser um caminho adequado para complementar um conteúdo que tenha característica mais conceitual ao resgatar conhecimentos prévios como exemplos para a explicação de novo tema de aula (RAWSON *et al.*, 2014).

Os exemplos concretos precisam ser significativos aos conceitos em discussão e familiares aos estudantes, além de adequados ao seu contexto cultural, contexto social e conhecimentos prévios. O uso de exemplos concretos atendendo a essas especificidades pode facilitar a compreensão dos conceitos em discussão e tornar a aprendizagem significativa e de mais fácil resgate. Exemplos concretos podem ser úteis, tanto durante a instrução quanto durante a prática de resolução de problemas (WEINSTEIN *et al.*, 2018).

Aliado ao uso de Exemplos Concretos, a utilização de imagens pode oportunizar maior memorização, quando comparadas as palavras. Segundo Dunlosky e colaboradores (2013), o uso de imagens como prática cotidiana em ambiente escolar pode melhorar a organização mental ou a integração de informações contidas no texto, as quais em conjunto – **Codificação dupla** de palavras e imagens – atuam como suplementares para o objetivo de melhor aprendizagem. Além disso, usar o conhecimento prévio do aluno para gerar uma imagem mental coerente do conteúdo exposto pode melhorar a compreensão geral do aluno.

A associação de imagens às palavras para gerar a codificação dupla deve ser definida pela utilidade e informação transmitida pela imagem. Muitos detalhes podem tornar a informação visual confusa e atrapalhar o entendimento dos conceitos ou limitar a recordação da informação de fato relevante, de tal forma que ilustrações e vídeos devem conter as informações essenciais.

Em suma, pensando na implementação do recurso em sala de aula pelos professores, vale enfatizar que o uso de exemplos concretos associado ou não ao uso de imagens deve ser oportunizado com instruções claras e objetivas. Além do mais, os professores devem considerar que o uso de exemplos concretos e da dupla codificação devem ser realizados em contextos educativos cultural e socialmente representativos, ou seja, que oportunizem ao educando vislumbrar o seu cotidiano sendo explanado. Dessa forma, o conhecimento situado torna-se o resultado de tal situação, onde cultura, realidade e contexto estão associados ao conteúdo em situações problemáticas autênticas, relevantes e reais (VAIL LOWERY, 2002).

POR FIM

Estratégias de aprendizagem, nos moldes aqui apresentados, configuram-se como recurso facilitador para o processo ativo e efetivo de aprendizagem do alunado. Contextos educacionais participativos e seguros apresentam muitas oportunidades de combinar as estratégias descritas anteriormente. Aditivamente, os outros componentes aqui citados (metacognição, *feedback* e motivação) também influenciam de forma substancial o aprendizado quando bem estimulados ou ofertados no ambiente escolar.

O presente capítulo não deve ser direcionado somente aos professores/tutores como facilitadores do processo educacional e sim, as estratégias e conhecimentos aqui discutidos devem ser de conhecimento dos alunos como sujeitos ativos do seu processo de aquisição de conhecimento e introdução de novas possibilidades de estudo. O infográfico abaixo ilustra e sintetiza o conteúdo explanado no capítulo (Figura 4).

Figura 4 – Infográfico que sintetiza os assuntos abordados no texto.

Potencializar a Aprendizagem

Prática Espaçada

A aprendizagem espaçada (ou distribuída) configura-se como a prática de estudar o conteúdo distribuído em diferentes dias, com intervalos variáveis entre os dias de estudo. A informação distribuída de modo espaçado ao longo do tempo levará a maior retenção dessa informação a longo prazo.

Intercalação

A intercalação acontece quando ideias ou problemas diferentes são abordados de forma sequencial, ao contrário do método de "prática em bloco", que é fazer várias versões do mesmo problema em uma mesma sessão de estudo.

Recuperação

A prática de recuperação envolve "trazer" as informações armazenadas na memória de longo prazo para a memória de trabalho, por meio da lembrança. Tal situação oportuniza benefícios diretos através da consolidação de informações aprendidas e facilitando a memorização posterior.

Exemplos Concretos e Dupla Codificação

Exemplos concretos podem ser tanto verbais quanto visuais, fazendo uso da codificação dupla. Além disso, as estratégias de exemplos concretos, e dupla codificação funcionam melhor quando usados como parte da prática de lembrar.

METACOGNIÇÃO

A metacognição é a capacidade de instrumentar o próprio aprendizado: planejar, monitorar o sucesso e corrigir erros quando necessário – sendo apropriado para um aprendizado eficaz. Todas as estratégias cognitivas de aprendizado podem fazer uso dos preceitos metacognitivos considerando a auto-avaliação do processo de aprendizagem.

Feedback imediato

Deve ser construtivo, individual e respeitoso. São críticas úteis, de modo imediato sobre o desempenho na realização das atividades, sobre comportamentos e atitudes do aluno, de modo a contribuir para sua aprendizagem contínua. Pode ser utilizado em todas as estratégias cognitivas e objetiva valorizar os pontos fortes dos alunos e identificar o que e como melhorar .

MOTIVAÇÃO

Quando motivados, os alunos se envolvem nas atividades porque as consideram interessantes e inerentemente satisfatórias. Portanto, ambientes de aprendizagem seguros que proporcionam motivação, reflexão e interação entre os pares, produzem impactos positivos que influenciam o desenvolvimento acadêmico dos alunos. As estratégias de aprendizagem devem ser traçadas objetivando motivar os alunos.

NEUROMITOS

Neuromitos são conceitos errôneos sobre como o cérebro e a mente funcionam, relacionados à aprendizagem.

Fonte: Imagem elaborada pelos autores.

REFERÊNCIAS BIBLIOGRÁFICAS

ABEL, M.; BAUML,K. H. T. Would you like to learn more? Retrieval practice plus feedback can increase motivation to keep on studying. **Cognition**, 201, Article 104316. 2020. https://doi.org/10.1016/j.cognition.2020.104316

BENJAMIN, A. S.; TULLIS, J. What makes distributed practice effective? **Cognitive Psychology**, 61, 228-247. 2010.

BJORK, E. L.; BJORK, R. A.; JORK, E. L. Making things hard on yourself, but in a good way: creating desirable difficulties to enhance learning. P**sychology and the real world**: Essays illustrating fundamental contributions to society, 56-64. 2011.

BOLLELA, V. R.; SENGER, M. H.; TOURINHO, F. S. V.; AMARAL, E. Aprendizagem baseada em equipes da teoria à prática. **Medicina** (Ribeirão Preto). 47(3): 293-300. 2014.

CARPENTER, S. K.; CEPEDA, N. J.; ROHRER, D.; KANG, S. H. K.; PASHLER, H. Using spacing to enhance diverse forms of learning: Review of recent research and implications for instruction. **Educational Psychology Review**, 24, 369-378. 2012.

DI DOMENICO, S.; RYAN, R. The emerging neuroscience of intrinsic motivation: A new frontier in self-determination research. **Frontiers in Human Neuroscience**, v. 11, n. March, p. 1–14, 2017. DOI.10.3389/fnhum.2017.00145

DUAN, H.; FERNÁNDEZ, G.; VAN DONGEN, E.; KOHN, N. The efect of intrinsic and extrinsic motivation on memory formation: insight from behavioral and imaging study. **Brain Structure and Function** (2020) 225:1561–1574 https://doi.org/10.1007/s00429-020-02074-x

DUNLOSKY, J.; RAWSON, K. A.; MARSH, E. J.; NATHAN, M. J.; WILLINGHAM, D. T. Improving Students' Learning With Effective Learning Techniques: Promising Directions From Cognitive and Educational Psychology. **Psychological Science in the Public Interest** 14(1) 4–58. 2013.

FLAVELL, J. H. Metacognition and cognitivemonitoring: A new area of cognitive–developmental inquiry. **American Psychologist**, 34(10), 906–911. 1979. https://doi.org/10.1037/0003-066X.

LEUNG, A.; FINE, P. D.; BLIZARD, R.; TONNI, I.; ILHAN, D.; LOUCA, C. Teacher feedback and student learning–The students' perspective. **Journal of Dentistry**. 125. October (2022). https://doi.org/10.1016/j.jdent.2022.104242

LIN, C. H.; CHIANG, M. C.; KNOWLTON, B. J.; LACOBONI, M.; UDOMPHOLKUL, P.; WU, A. D. Interleaved Practice Enhances Skill Learning and the Functional Connectivity of Fronto-Parietal Networks. **Human Brain Mapping** 34:1542–1558. 2013.

KORNELL, N.; EICH, T. S.; CASTEL, A. D.; BJORK, R. A. Spacing as the Friend of Both Memory and Induction in Young and Older Adults. **Psychology and Aging**. 2010, Vol. 25, No. 2, 498–503.

KUBIK, V.; KOSLOWSKI, K.; SCHUBERT, T.; ASLAN, A. Metacognitive judgments can potentiate new learning: The role of covert retrieval. **Metacognition and Learning** (2022) 17:1057–1077.

KUSURKAR, R.; CROISET, G.; GALINDO-GARRÉ, F.; CATE, O. T. Motivational profiles of medical students: Association with study effort, academic performance and exhaustion. **BMC Medical Education**, v. 13, n. 1, p. 87, 19 dez. 2013. DOI.10.1186/1472-6920-13-87

MAHAN, J.; STEIN, D. Teaching Adults — Best Practices That Leverage the Emerging Understanding of the Neurobiology of Learning. **Current Problems in Pediatric and Adolescent Health Care**, v. 44, n. 6, p. 141–149, jul. 2014. DOI.10.1016/j.cppeds.2014.01.003

NEWTON, P. M.; SALVI, A. How common is belief in the learning styles neuromyth, and does it matter? A pragmatic systematic review. **Front. Educ.** 2020. DOI: 10.3389/feduc.2020.602451

ORSINI, C.; BINNIE, V.; WILSON, S. Determinants and outcomes of motivation in health professions education: a systematic review based on self-determination theory. **Journal of Educational Evaluation for Health Professions**, v. 13, p. 19, 2 Maio 2016. DOI.10.3352/jeehp.2016.13.19

PETERS, K.; CHEER, J.; TONINI, R. Modulating the Neuromodulators: Dopamine, Serotonin, and the Endocannabinoid System. **Trends in Neurosciences**, v. 44, n. 6, p. 464–477, jun. 2021. DOI.10.1016/j.tins.2021.02.001

RAWSON, K. A.; THOMAS, R. C.; JACOBY, L. L. The power of examples: Illustrative examples enhance conceptual learning of declarative concepts. **Educational Psychology Review**, 27, 483-504. 2014

ROEDIGER, H. L.; BUTLER, A. C. The critical role of retrieval practice in long-term retention. **Trends in cognitive sciences**. Volume 15, Issue 1, January 2011a, Pages 20-27. https://doi.org/10.1016/j.tics.2010.09.003

ROEDIGER, H. L.; PUTNAM, A. L.; SMITH, M. A. Ten benefits of testing and their applications to educational practice. In J. Mestre & B. Ross (Eds.), **Psychology of learning and motivation**: Cognition in education, (pp. 1-36). 2011b.

ROHRER, D. Interleaving helps students distinguish among similar concepts. **Educational Psychology Review**, 24, 355-367, 2012.

ROUSSEAU, L. Interventions to Dispel Neuromyths in Educational Settings — A Review. **Front. Psychol**. 12. 2021. DOI: 10.3389/fpsyg.2021.719692

STANTON, J. D.; SEBESTA, A. J.; DUNLOSKY, J. Fostering Metacognition to Support Student Learning and Performance. **CBE Life Sci Educ June** 1(20), 2021. DOI:10.1187/cbe.20-12-0289

SOICHER, R. N.; BECKER-BLEASE, K. A.; BOSTWICK, K. C. P. Adapting implementation science for higher education research: the systematic study of implementing evidence-based practices in college classrooms. **Cogn. Research** (2020) 5:54 https://doi.org/10.1186/s41235-020-00255-0

STAVNEZER, A. J.; LOM, B. Student-led Recaps and Retrieval Practice: A Simple Classroom Activity Emphasizing Effective Learning Strategies. **The Journal of Undergraduate Neuroscience Education** (JUNE), Fall 2019, 18(1):A1-A14.

SZUPUNAR, K. K.; MCDERMOTT, K. B.; ROEDIGER, H. L. Testing during study insulates against the buildup of proactive interference. **Journal of Experimental Psychology**: Learning, Memory, and Cognition, 34(6), 1392–1399.2008. https://doi.org/10.1037/a0013082

TANNER, K. D. Promoting Student Metacognition. Feature Approaches to Biology Teaching and Learning. **CBE — Life Sciences Education** Vol. 11, 113–120, Summer 2012.

TORRIJOS-MUELAS, M.; GONZÁLEZ-VÍLLORA, S.; BODOQUE-OSMA, A. R. The persistence of neuromyths in the educational settings: a systematic review. **Front. Psychol**. DOI:10.3389/fpsyg.2020.591923

VAIL LOWERY, N. Construction of Teacher Knowledge in Context: Preparing Elementary Teachers to Teach Mathematics and Science. **School Science and Mathematics**, 102(2), 68–83. 2010. doi:10.1111/j.1949-8594. 2002.tb17896.x

VEENMAN, M. V. J.; VAN HOUTS-WOLTERS, B. H. A. M.; AFFLERBACH, P. Metacognition and learning: conceptual and methodological considerations. **Metacognition Learning** 1: 3–14. 2006. DOI 10.1007/s11409-006-6893-0

WALSH, M. M.; KRUSMARK, M. A.; JASTREMBSKI, T.; HANSEN, D. A.; HONN, K. A.; GUNZELMANN, G. Enhancing learning and retention through the distribution of practice repetitions across multiple sessions. **Memory & Cognition**. September 2022. doi.org/10.3758/s13421-022-01361-8

WATLING, C. J.; GINSBURG, S. Assessment, feedback anda the alchemy of learning. Medical education. Volume 53, Issue1. January 2019. 76-85. https://doi.org/10.1111/medu.13645

WEINSTEIN, Y.; MADAN, C. R.; SUMERACKI, M. A. Teaching the science of learning. Cognitive Research: Principles and Implications. 2018. DOI 10.1186/s41235-017-0087-y

OS EFEITOS DA PRÁTICA INTERCALADA NO APRENDIZADO MATEMÁTICO: o que dizem as evidências?

Wallyson Oliveira de Sousa
https://orcid.org/0009-0003-8314-0585

Ana Mara Coelho da Silva
https://orcid.org/0000-0003-2767-5406

Marcos Guilherme Moura-Silva
http://orcid.org/0000-0002-8934-8614

RESUMO

A prática intercalada é uma estratégia de aprendizagem que envolve a alternância sistemática entre diferentes tipos de tarefas, problemas ou conteúdos durante o processo de estudo, com manifestações promissoras no desempenho escolar dos alunos. Os seus efeitos relacionados à abordagem da aprendizagem matemática, no entanto, são menos conhecidos, o que torna a atual pesquisa essencial para explorar e aprofundar a compreensão dos impactos dessa estratégia nesse campo de conhecimento. Diante disso, esta pesquisa possui por objetivo caracterizar quais os efeitos da prática intercalada como estratégia de aprendizagem matemática. Para isso, considerou-se realizar uma revisão de escopo a partir dos estudos encontrados nas bases de dados *PubMed, Scopus, Eric e Web of Science*. Ao todo, 11 artigos integraram as análises desta revisão, considerando a adoção de critérios de elegibilidade. Os resultados indicam que a prática intercalada é um campo em expansão com poucos estudos. Em contrapartida, revelou-se uma poderosa estratégia de aprendizagem matemática, sendo responsável por melhorar significativamente o desempenho de alunos em testes atrasados e promover efeitos positivos associados a recuperação de informação, adaptabilidade em resolução de problemas matemáticos, discriminação de procedimentos, resiliência diante de tarefas

matemáticas, compressões de ideias e associações entre conceitos. Portanto, empreender esforços para implementar tal estratégia nas aulas de matemática pode ser uma abordagem facilitadora da aprendizagem.
Palavras-chave: Prática Intercalada, Estratégia de Aprendizagem, Matemática, Formação de Professores, Revisão de Escopo.

Considerando dados recentes da Organização para a Cooperação e Desenvolvimento Econômico (OCDE): i) 68,1% dos estudantes brasileiros estão com baixo desempenho e não possuem nível básico de Matemática; ii) mais de 40% dos jovens não são capazes de resolver questões básicas; e iii) apenas 0,1% dos 10.961 alunos que participaram do Programa Internacional de Avaliação de Estudantes (Pisa) tiveram o desempenho máximo na área de matemática, além disso, quando se trata de escolarização, os estudantes brasileiros estão três anos e meio atrás dos países da OCDE em proficiência na disciplina de Matemática (OCDE, 2019). Dessa forma, essa área de conhecimento é um campo de estudo que apresenta dificuldades de compreensão e fixação por parte do estudante, portanto, se faz necessária a utilização de estratégias que auxiliem o aluno no momento de estudar assuntos relacionados à matemática.

Nessa perspectiva, existem estratégias de aprendizagem que fazem parte do que se conhece por ciência da aprendizagem, pautadas em evidências científicas consolidadas, incluindo estudos em neurociências, que podem ser efetivas para contribuir de maneira significativa na melhora do processo de ensino e aprendizagem de matemática (WEINSTEIN, MADAN & SUMERACKI, 2019). Essas estratégias envolvem ações intencionais que os alunos podem empregar para facilitar a compreensão, a retenção e a aplicação do que estão aprendendo. Baseado nisso, Weinstein, Madan & Sumeracki (2019) destacam e relacionam seis estratégias cognitivas que podem ser facilitadoras para o processo de aprendizagem, dentre elas: a prática espaçada, prática intercalada, prática de lembrar, elaboração, exemplos concretos e codificação dupla.

Considerando as estratégias de aprendizagem mencionadas anteriormente, a atual pesquisa é direcionada ao estudo da prática intercalada[2], uma

2 Estratégia também conhecida na comunidade científica como: intercalação, prática aleatória, prática mista, embaralhamento, técnica de intercalação e prática de intercalar.

vez que, até onde sabemos, esta é a que apresenta um maior volume de publicações com efeitos práticos abordados, embora não sistematizados para o campo da educação matemática, necessitando assim de novas pesquisas para que seja possível explorar seu potencial de forma mais ampla e abrangente (DUNLOSKY *et al.*, 2013), o que nos levou à condução dessa investigação, em forma de revisão.

A prática intercalada se fundamenta na teoria da interferência contextual que, por sua vez, é um fenômeno de aprendizagem que proporciona benefícios elevados para o aprendizado de habilidades (RAU, ELEVEN & RUMMEL, 2013). Em outros termos, trata-se de uma estratégia de aprendizagem que consiste em estudar tarefas, problemas ou conteúdos, de diferentes categorias em uma ordem pseudoaleatória, no entanto, com a restrição de que dois assuntos ou habilidades da mesma categoria não sejam apresentados consecutivamente (FOSTER *et al.*, 2019). Além disso, duas outras explicações fornecem uma contribuição significativa para o entendimento da prática intercalada.

A primeira indica que as vantagens da intercalação, experienciadas pelos alunos, são proporcionadas pelo ato de abstrair conhecimentos de diferentes tarefas de aprendizagem apresentadas de forma consecutiva (DE CROOCK, VAN MERRIENBOER & PAAS, 1998; SHEA & MORGAN, 1979). O ato de abstrair exige que o conhecimento importante da tarefa realizada anteriormente ainda esteja na memória de trabalho quando uma nova tarefa é processada na memória de trabalho (por exemplo, leitura das instruções de uma tarefa). Quando, na memória de trabalho, o conhecimento associado a diferentes tarefas está ativo, realiza-se, por parte dos alunos, uma comparação do conhecimento relevante para as respectivas tarefas de aprendizagem, consciente ou inconscientemente. Durante a comparação entre as tarefas de aprendizagem, os alunos podem ver mais nitidamente quais aspectos da tarefa são mais primordiais e quais são secundários, direcionando assim a atenção dos alunos para os processos importantes para a construção do conhecimento (BANNERT, 2002; PAAS & VAN GOG, 2006; VAN MERRIËNBOER *et al.*, 2002) e os auxiliando a abstrair o conhecimento comum a tarefas de aprendizagem consecutivas.

Na segunda, argumenta-se que, ao se trabalhar em tarefas de aprendizagem por meio da prática intercalada, os alunos necessitam reativar o conhecimento necessário para resolver as respectivas tarefas de aprendizagem com uma frequência mais elevada do que quando se trabalham por meio da prática em bloco (DE CROOCK, VAN MERRIENBOER & PAAS, 1998; LEE & MAGILL, 1983, 1985; SWELLER, 1990). Torna-se mais provável que a reativação ocorra com maior frequência com sequências de tarefas intercaladas do que com sequências de tarefas em bloco. Na condição em que as sequências de tarefas são realizadas de forma bloqueada, o conhecimento aplicado em uma tarefa de aprendizagem geralmente pode ser usado na tarefa seguinte, uma vez que, uma pequena parcela ou todo o conhecimento pode ser, presumivelmente, mantido na memória de trabalho, por meio dos limites da tarefa e, dessa forma, não precise ser reativado. Em uma perspectiva diferente, em sequências intercaladas, o conhecimento necessário para realização das tarefas precisa ser recuperado com mais frequência de memória de longo prazo. A realização da recuperação repetidas vezes fortalece associações entre pistas e elementos associados na memória de longo prazo, de modo que, reativar o conhecimento evocando a memória de longo prazo aumenta a probabilidade de que tais informações sejam recuperadas posteriormente (ANDERSON, 1993, 2002).

Pressupondo a isto, a aplicação da prática intercalada em problemas matemáticos, por exemplo, seria alternar problemas envolvendo operações como adição e subtração de frações, em contraste com a prática em bloco, que envolveria a resolução de um bloco de problemas de adição de frações seguido por um bloco de problemas de subtração de frações (FOSTER *et al.*, 2019). Dessa maneira, a prática intercalada refere-se à abordagem de ideias ou tipos diferentes de problemas em uma sequência, que se contrasta da prática em bloco, que são várias versões do mesmo problema em uma determinada área de estudo, e no âmbito da matemática contribui de forma efetiva no desenvolvimento da habilidade de distinguir entre diferentes problemas, aprimorando a capacidade dos alunos de diferenciar conceitos semelhantes (WEINSTEIN, MADAN & SUMERACKI, 2019; ROHRER, 2012). As figuras 1, 2 e 3 exemplificam o funcionamento da prática intercalada por meio de ilustrações.

Figura 1 – Reveja os temas, mas em ordem diferente para melhorar a sua compreensão (elaborada por Weinstein S/D, p. 5).

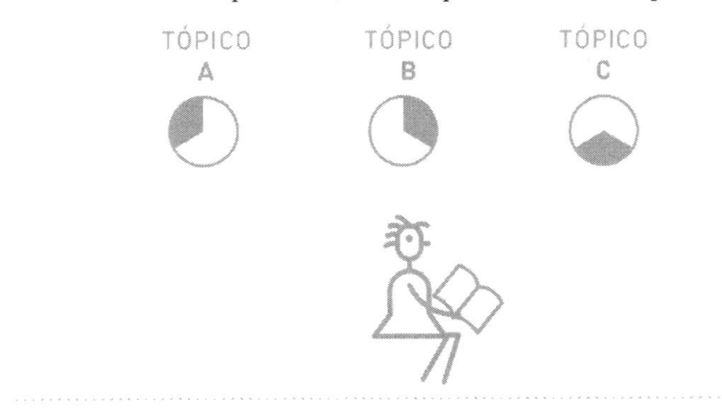

Figura 2 – Reveja os temas, mas em ordem diferente para melhorar a sua compreensão (elaborada por Weinstein, S/D, p. 5).

Figura 3 – Estabeleça ligações entre ideias diferentes enquanto alterna entre elas (elaborada por Weinstein, S/D, p. 5).

No entanto, se faz importante destacar que não foram identificados estudos de sistematização sobre a prática intercalada no âmbito do ensino e aprendizagem da matemática que possam, por sua vez, auxiliar na compreensão da prática intercalada e, consequentemente, fornecer implicações ao professor no processo de ensino. Mediante a isso, este estudo se propõe caracterizar quais os efeitos e impactos da prática intercalada como estratégia de aprendizagem matemática, a partir de uma revisão de escopo, que fornecerá estudos baseados em evidências do que vem sendo produzido nessa interface. Buscaremos apresentar as principais questões emergentes, as lacunas de pesquisas e reflexões para se pensar a prática do professor que ensina matemática a partir dessa estratégia didática.

Método

A revisão de escopo fornece uma visão geral das evidências científicas encontradas nas pesquisas envolvendo a prática intercalada na área da matemática. Esse tipo de revisão procura mapear, por meio de métodos rigorosos, os estudos em um determinado campo de interesse, a abrangência, a extensão e a identificação de lacunas em bases de evidências existentes (ARKSEY & O'MALLEY, 2005).

Os processos metodológicos adotados foram os sugeridos por Peters *et al.*, (2015) que indicam, *a priori*, a elaboração de um protocolo com todos os detalhes relativos à pesquisa, desde a definição do título, objetivos, pergunta de pesquisa, critérios de inclusão e exclusão, estratégias de busca e escolha das bases de dados, extração e relato dos resultados. A condução da pesquisa foi realizada no primeiro semestre de 2023 e todo o processo de seleção dos manuscritos foi conduzido por dois revisores (autores do estudo), de modo independente.

Com o objetivo de ampliar a diversidade e a abrangência das pesquisas, quatro bases de dados (*Eric, PubMed, Scopus* e *Web of Science*) foram eleitas para o processo de busca e seleção dos estudos. A seguinte *string* de busca foi utilizada para localizar os estudos: ("interleaved practice" OR "intercalation" OR "random practice" OR "mixed practice" OR "shuffling" OR "interleaving technique" OR "merge strategy") AND ("mathematics" OR "math"). Apenas o idioma de estudos em língua inglesa foi considerado nesta revisão. Além disso, optou-se por não delimitar um intervalo temporal ao realizar as buscas nas bases de dados, uma vez que foi relevante deixar em evidência a produção científica que iniciou a investigação junto a essa temática na área do ensino de matemática.

Junto à seleção dos artigos, alguns Critérios de Inclusão (CI) foram adotados: CI1) disponíveis integralmente nas bases científicas acessadas; CI2) que utilizem a prática intercalada como estratégia de ensino e aprendizagem na área da matemática; CI3) com público de escolares e não escolares, populações especiais ou não, independente das idades e níveis de ensino; ambientes escolares e não escolares (laboratórios). Enquanto Critérios de Exclusão (CE) foram adotados os seguintes: CE1) não utilizaram a prática intercalada como estratégia de ensino e aprendizagem na área da matemática; CE2) aqueles que utilizaram a prática intercalada em outras áreas de conhecimento que não a matemática, inclusive em áreas afins, como física e química; CE3) sejam de estudos secundários, além de resumos de conferência, ensaios, editoriais e aqueles que demonstram resultados sem apresentarem os métodos utilizados.

Todos os estudos localizados nas bases de dados foram exportados para um gerenciador de referência denominado Zotero, por meio do qual foi possível armazenar, organizar e selecionar os artigos de acordo com os critérios definidos inicialmente. Além disso, o fluxograma PRISMA – ScR (*Prisma Extension for Scoping Reviews*) foi utilizado como ferramenta para conduzir a identificação, triagem, critérios de elegibilidade e inclusão dos estudos (Tricco *et al.*, 2018), conforme a Figura 4:

Figura 4 – Fluxograma de seleção de fontes de evidências Prisma ScR elaborado a partir de orientações de Tricco *et al.*, 2018.

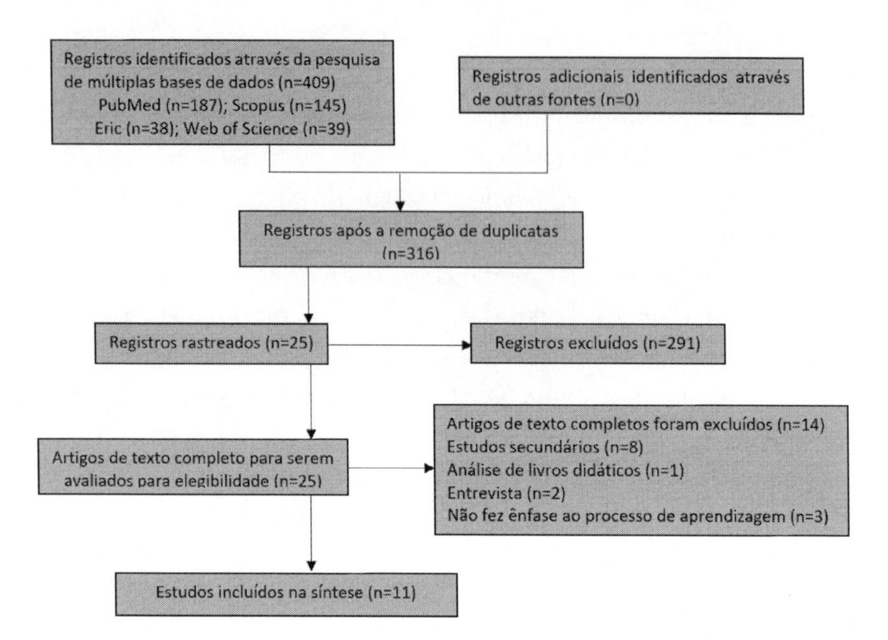

Inicialmente, dos 409 resultados encontrados nas bases de dados, 93 deles foram excluídos por serem duplicatas. Realizada a leitura dos títulos e resumos dos 316 artigos resultantes, apenas 25 foram direcionados para a leitura na íntegra. Além disso, 7 pesquisas excluídas consideravam resultados de estudos secundários, conforme o critério CE3, enquanto a investigação de Rohrer, Dedrick & Hartwig (2020) apontou a escassez da prática intercalada em livros didáticos e, em um outro estudo, avaliou-se o conhecimento dos alunos sobre espaçamento de intercalação, sem implementar intervenção (HARTWIG, ROHRER & DEDRICK, 2022). Além disso, o papel promissor da prática intercalada não foi o alvo da pesquisa, que levou em consideração a precisão dos julgamentos para prever o desempenho em matemática (FOSTER *et al.*, 2022).

Com o material empírico dos 11 artigos, realizou-se a descrição dos documentos, elencando seus autores, título, população (faixa etária e nível de ensino), procedimentos, área disciplinar, tempo de duração da estratégia e principais resultados, apresentados nos resultados a seguir.

Resultados

Na Tabela 1, analisamos pormenorizadamente, 11 estudos incluídos em nossa revisão de escopo, destacando suas amostras, procedimentos, áreas disciplinares, resultados, tempo e variáveis associadas à prática intercalada como estratégia de aprendizagem matemática.

Tabela 1. Visão geral dos resultados (elaborada pelos autores).

Autor/ ano	**Público alvo/ localidades**	**Procedimentos**	**Resultados**	**Variáveis**	Área disciplinar e conteúdo aplicado	**Tempo de duração da estratégia**
Rohrer & Taylor. (2007)	Alunos Universitários; 18 alunos; 13 mulheres e 5 homens; EUA/ Flórida	Os alunos primeiro aprenderam a resolver vários tipos de problemas, e os problemas práticos foram bloqueados por tipo (como no formato padrão) ou misturados aleatoriamente (como no formato embaralhado). Os alunos participaram de três sessões com intervalo de 1 semana. No início da primeira sessão, cada aluno foi designado aleatoriamente para o grupo de Misturadores ou Bloqueadores. Para ambos os grupos, a primeira e a segunda sessão foram sessões de prática, e a terceira sessão incluiu o teste.	O desempenho da **sessão prática** foi prejudicado pela mistura, pois a média dos bloqueadores de 89% excedeu estatisticamente a média dos misturadores de 60%. Na **segunda sessão** de treinos, a superioridade dos bloqueadores foi mais moderada e sem significância estatística. Por outro lado, o **desempenho médio** do teste dos Mixers foi muito maior do que o dos Blockers. Assim, a prática mista produziu desempenho de teste superior e desempenho de prática inferior (em comparação com a prática em bloco), conforme evidenciado por uma interação estatisticamente significativa entre a estratégia de prática (mista x bloqueada) e a fase de experimento (prática x teste). **Síntese:** Embora a prática bloqueada tenha se mostrado superior à prática mista durante a sessão de prática, as pontuações dos testes subsequentes foram muito maiores quando a prática foi mista em vez de bloqueada. O desempenho superior no teste após a prática mista é, a nosso ver, atribuído ao fato de que os alunos nessa condição eram obrigados a saber não apenas como resolver cada tipo de problema, mas também qual procedimento (ou seja, fórmula) era apropriado para cada tipo de problema.	Desempenho prático; Desempenho tardio; Recuperação de fórmula; Distinção dos procedimentos adequados para cada problema.	**Matemática** *Geometria.*	3 sessões com o intervalo de uma semana.

Autor/ ano	**Público alvo/ localidades**	**Procedimentos**	**Resultados**	**Variáveis**	Área disciplinar e conteúdo aplicado	**Tempo de duração da estratégia**
Taylor & Rohrer. (2010)	Alunos da 4ª série; 24 crianças; (12 meninos e 12 meninas); 10 ou 11 anos de idade; EUA/ Flórida/ Petersburg	As crianças praticaram quatro tipos de problemas matemáticos em uma ordem que foi intercalada ou bloqueada, e o grau de espaçamento foi fixo.	A intercalação de diferentes tipos de problemas práticos mais do que dobrou as pontuações dos testes subsequentes (77% contra 38% no Teste 1), embora o grau de espaçamento tenha sido mantido constante. Enquanto a intercalação da prática aumentou o desempenho no teste, prejudicou o desempenho durante a sessão prática. Portanto, a intercalação provou ser um exemplo do que Robert Bjork e seus colegas denominaram uma dificuldade desejável porque a dificuldade incorrida durante a sessão de prática provou ser valiosa.	Desempenho prático; Desempenho tardio; Discriminação entre diferentes tipos de procedimentos; Precisão na resolução;	**Matemática** *Geometria*	Dois dias (um dia de prática + 1 dia de testes)
Rau, Aleven & Rummel. (2013)	Alunos da 5ª e 6ª série; 158 alunos; Idades entre 9 e 12 anos; 16 turmas de um total de três escolas; EUA/ Pensilvánia/ Pittsburgh.	Conduziram um experimento em sala de aula para investigar os efeitos da intercalação de tipos de tarefas e intercalando representações. Os participantes trabalharam com uma versão de um sistema tutor inteligente para frações. No 1ª dia foi aplicado um pré-teste, depois trabalharam com o *fractions tutor* por 5 horas que foram distribuídas nos 5 (ou 6) dias seguintes. No dia seguinte ao estudo com o *fractions tutor*, foi realizado um pós-teste imediato, que foi seguido 7 dias depois por um pós-teste atrasado.	Intercalar tipos de tarefas enquanto bloqueia representações gráficas leva a uma maior eficácia e eficiência em responder perguntas que requerem conhecimento representacional, em comparação com intercalar representações gráficas enquanto bloqueia tipos de tarefas. A intercalação de diferentes tipos de tarefas influencia a aquisição de conhecimentos conceituais robustos mais do que a intercalação de representações gráficas. Esquemas de prática têm um impacto maior na compreensão conceitual do que no conhecimento procedimental.	Desempenho em testes; Desempenho prático*; Desempenho tardio* ; Eficiência; Aquisição de conhecimento conceitual robusto; Compreensão conceitual;	**Matemática** *Aritmética.*	Duas semanas.

Autor/ ano	Público alvo/ localidades	Procedimentos	Resultados	Variáveis	Área disciplinar e conteúdo aplicado	Tempo de duração da estratégia
Rau, Aleven, Rummel & Pardos. (2014)	Alunos da 4ª e 5ª série; 230 alunos; EUA/Pensilvânia	Conduziram um experimento em sala de aula com um sistema tutor inteligente para frações. Foram comparados quatro esquemas de prática de múltiplas representações gráficas: bloqueado, totalmente intercalado, moderadamente intercalado e cada vez mais intercalado.	Os alunos em todas as condições melhoraram significativamente do pré-teste ao pós-teste na reprodução com linhas numéricas, modelos de área e na transferência conceitual, embora com tamanhos de efeito pequenos. Os ganhos de aprendizado foram mais consistentes para a condição totalmente intercalada. Apenas a condição moderadamente intercalada mostrou ganhos significativos na transferência processual, embora apenas no pós-teste atrasado. A falta de ganhos de aprendizado na transferência processual pode refletir o fato de que o Tutor de Frações se concentra mais no aprendizado conceitual de frações do que no aprendizado processual. Assim, de modo geral, podemos concluir que os alunos aprendem com o *Fractions Tutor*, principalmente quando trabalham com a versão totalmente intercalada. Os resultados fornecem suporte qualificado para a **hipótese 2** (que os alunos que aprendem com múltiplas representações gráficas apresentadas de forma intercalada irão superar os alunos que aprendem com múltiplas representações gráficas apresentadas de forma bloqueada em todas as medidas de conhecimento robusto).	Desempenho imediato; Desempenho tardio; Consolidação de compreensões;	**Matemática** *Aritmética.*	Duas semanas; pré-teste, 6 dias de estudo, pós-teste e teste atrasado após 7 dias.

Autor/ ano	**Público alvo/ localidades**	**Procedimentos**	**Resultados**	**Variáveis**	Área disciplinar e conteúdo aplicado	**Tempo de duração da estratégia**
			Encontramos uma vantagem marginalmente significativa da condição cada vez mais intercalada (em comparação com as outras condições), apenas na reprodução com modelos de área. Ainda assim, houve uma interação significativa da condição com o pré-teste, de modo que a condição totalmente intercalada apresentou desempenho significativamente melhor nos pós-testes do que a condição bloqueada para alunos com baixo conhecimento prévio. Enquanto os alunos com baixo conhecimento prévio se beneficiam da prática totalmente intercalada, não encontramos nenhum efeito de horários de prática para alunos com alto conhecimento prévio. Essa descoberta pode indicar que os alunos com alto conhecimento prévio estão preparados para abstrair em diferentes representações gráficas, mesmo quando elas são apresentadas em um período mais longo da sequência de aprendizado (como na condição bloqueada). Eles também podem ter menos necessidade de reativar frequentemente o conhecimento sobre as representações específicas e os aspectos conceituais que destacam porque esse tipo de conhecimento é mais acessível para eles do que para alunos com baixo conhecimento prévio.			

Autor/ ano	Público alvo/ localidades	Procedimentos	Resultados	Variáveis	Área disciplinar e conteúdo aplicado	Tempo de duração da estratégia
Rohrer, Dedrick & Burgess. (2014)	Alunos da 7ª série; 140 alunos; EUA/Flórida/ Tampa	Os alunos receberam prática em bloco ou intercalada durante um período de nove semanas, seguido duas semanas depois por um teste não anunciado.	Intercalar melhora a aprendizagem da matemática não apenas por melhorar a discriminação entre diferentes tipos de problemas, mas também por fortalecer a associação entre cada tipo de problema e sua estratégia correspondente. Uma comparação de medidas repetidas das duas metades do teste mostrou que a prática intercalada foi quase duas vezes mais eficaz que a prática em bloco. O tamanho do efeito foi grande.	Desempenho tardio; Discriminação entre diferentes tipos de problemas; Fortalecimento de associações entre tipos de estratégias e problemas correspondentes.	**Matemática** Álgebra.	Nove semanas de aplicação + um teste aplicado duas semanas depois.
Rohrer, Dedrick & Stershic. (2015)	Alunos da 7ª série; 126 alunos; EUA/Flórida/ Tampa	Receberam os mesmos problemas práticos durante um período de 3 meses, mas os problemas foram organizados de forma que as habilidades fossem aprendidas pela prática intercalada ou pela abordagem usual em blocos. A fase prática foi concluída com uma sessão de revisão, seguida 1 ou 30 dias depois por um teste não anunciado.	**Teste imediato:** Os alunos testados 1 dia após a revisão mostraram um benefício moderado da intercalação quando comparados à prática bloqueada. **Teste tardio:** Os alunos testados 30 dias após a revisão mostraram um grande benefício da intercalação quando comparados à prática bloqueada. O estudo também é o primeiro a demonstrar que o benefício do teste de intercalação não diminui com o tempo e talvez aumente. Finalmente, além de sua superioridade à prática bloqueada, a prática intercalada forneceu quase imunidade contra o esquecimento, pois o aumento de 30 vezes no atraso do teste reduziu os resultados do teste em menos de um décimo (de 80% para 74%).	Desempenho imediato; Desempenho tardio;	**Matemática** Álgebra.	Três meses de aplicação + um teste aplicado de 1 a 30 dias depois.

Autor/ ano	Público alvo/ localidades	Procedimentos	Resultados	Variáveis	Área disciplinar e conteúdo aplicado	Tempo de duração da estratégia
Foster *et al.* (2019)	Universitários; 126 alunos; 3 grupos: (intercalada=43), (bloqueada=40) (inter. rem =43) EUA/Ohio/Kent	Os participantes praticaram repetidamente o cálculo do volume de quatro formas de tamanhos diferentes de acordo com a prática em bloco, prática intercalada ou prática intercalada remotamente.	**Precisão na recuperação de fórmulas para todas as formas geométricas:** foi significativamente maior para o grupo intercalado do que para o grupo bloqueado. A recuperação do grupo intercalado remotamente também foi significativamente maior quando comparado ao grupo intercalado e bloqueado. **Desempenho médio para todos os problemas:** foi significativamente maior para o grupo intercalado do que para o grupo bloqueado, para o grupo intercalado remoto do que para o grupo intercalado e para o grupo intercalado remotamente do que o grupo bloqueado. **Em resumo:** o efeito de intercalação – que comparou o grupo de intercalação padrão ao grupo bloqueado – demonstrou beneficiar tanto a recuperação de fórmulas quanto o desempenho do teste final quando todos os problemas foram considerados. Quando a **análise foi restrita** aos problemas de cunha, o efeito de intercalação não foi significativo. Curiosamente, a intercalação padrão sozinha não superou a intercalação remota em nenhuma das medidas dependentes. Na verdade, o grupo de intercalação remota teve um desempenho numericamente melhor do que o grupo de intercalação padrão na recuperação de fórmulas para cunhas.	Desempenho prático; Desempenho tardio; Recuperação de fórmulas.	**Matemática** *Geometria.*	Uma semana.

Autor/ ano	Público alvo/ localidades	Procedimentos	Resultados	Variáveis	Área disciplinar e conteúdo aplicado	Tempo de duração da estratégia
Rohrer *et al.* (2020)	Alunos da 7ª série; 54 turmas; EUA/Flórida	Cada uma das 54 turmas de matemática da 7ª série concluiu periodicamente tarefas intercaladas ou bloqueadas durante um período de 4 meses e, em seguida, ambos os grupos concluíram uma tarefa de revisão intercalada. Um mês depois, os alunos fizeram um teste sem aviso prévio.	Os resultados sugerem que a prática de matemática intercalada é eficaz e viável. O grupo intercalado superou o grupo bloqueado por uma grande margem, sendo o efeito do resultado grande. Por mais que os efeitos do atual estudo sejam grandes, é importante ter em mente que a prática intercalada muitas vezes está associada à prática espaçada e à prática de recuperação.	Desempenho focado na pontuação dos testes; Desempenho tardio;	**Matemática** Álgebra.	Quatro meses de aplicação + aplicação de teste após 1 mês.
Nemeth, Werker & Arend (2021)	Alunos da 3ª série; 236 alunos; Aproximadamente metade era do sexo feminino (45,34%); Idade 8 e 10 anos; Alemanha/Hesse	Ambos os grupos foram instruídos no uso de estratégias baseadas em números e o algoritmo escrito padrão para resolver a subtração de problemas em 14 lições. Os alunos na condição intercalada foram solicitados a comparar estratégias (entre-comparação), enquanto os alunos na condição de bloqueio compararam adaptabilidade de uma estratégia para diferentes tarefas (dentro da comparação).	Os alunos na condição intercalada resolveram tarefas de subtração com maior adaptabilidade e precisão. **Adaptabilidade:** em todos os pontos de medição após a intervenção, os alunos do grupo intercalado resolveram as tarefas de subtração de forma significativamente mais adaptativa do que os alunos bloqueados. Além disso, houve um efeito significativo de tempo, e um efeito de interação significativo de grupo e tempo. Os alunos intercalados desenvolveram sua capacidade de resolver tarefas de forma adaptativa em maior extensão do que os alunos bloqueados. **Correlação:** Em todos os pontos de medição após a intervenção, os aprendizes intercalados mostraram maior precisão na resolução de tarefas de subtração.	Desempenho tardio; Adaptabilidade em resolução de tarefas; Precisão na resolução de tarefas;	**Matemática** *Aritmética*	Novembro a maio do ano letivo 2016/2017 e teve um 2 (grupo: intercalado vs bloqueado) × 4 (tempo: antes da intervenção (T1), um dia depois (T2), uma semana depois (T3) e cinco semanas depois (T4).

Autor/ ano	Público alvo/ localidades	Procedimentos	Resultados	Variáveis	Área disciplinar e conteúdo aplicado	Tempo de duração da estratégia
Yasar *et al.* (2021)	Alunos da 10ª série; 51 alunos; Grupo A=23; Grupo B 28; EUA/New York	Os alunos foram colocados aleatoriamente em grupos de controle e alvo de tamanho igual variando de 12 a 32, dependendo do estudo. Cerca de metade dos casos seguiu o desenho da pesquisa na Tabela 1, no qual um grupo (A) seguiu a estratégia bloqueada enquanto o outro grupo (B) usou uma estratégia intercalada para práticas e tarefas envolvidas no ensino dos Tópicos X e Y. Outros casos seguidos o desenho na Tabela 2 no qual cada grupo (A & B) foi ensinado por meio de ambas as estratégias (bloqueadas e intercaladas).	Uma análise geral dos dados da pesquisa atual mostra que os alunos que aprenderam um tópico por meio da estratégia intercalada pontuaram consideravelmente melhor do que aqueles que aprenderam da maneira usual (bloqueada). Em muitos casos relatados, as diferenças foram estatisticamente significativas a favor da prática intercalada. **Matemática:** Embora as diferenças variem de 3,4% a 13,4%, para algumas delas, como as Equações de Retas, as diferenças são estatisticamente muito significativas. 30 dias depois, um teste não anunciado foi feito. Enquanto as pontuações médias caíram para todos os grupos, os grupos intercalados novamente superaram seus colegas. As diferenças foram estatisticamente significativas para tópicos como equações de retas e comprimentos de segmentos de círculos. **Relatos dos professores:** Aqueles que participaram de entrevistas de grupos focais relataram que o uso de formulários on-line e avaliações intercaladas permitiu um melhor rastreamento e diagnóstico do envolvimento do aluno e aprendizagem conceitual que se traduziu em instrução mais diferenciada. (Eles também perceberam que os alunos demonstraram maior resiliência e níveis de conforto ao revisitar tópicos de conteúdo de outras partes do currículo como resultado do uso regular de intercalação em suas salas de aula.	Desempenho imediato; Desempenho tardio; Recuperação de memória; Resiliência; Conforto;	**Matemática** *Geometria;*	Dois dias para aplicação das tarefas, teste de revisão após 3 dias e, por fim, teste não anunciado após um período entre 15 a 30 dias. (Entre 20 a 35 dias)

Autor/ ano	Público alvo/ localidades	Procedimentos	Resultados	Variáveis	Área disciplinar e conteúdo aplicado	Tempo de duração da estratégia
Mielicki & Wiley (2022)	Alunos Universitários; 150 participantes; 64% do sexo feminino; EUA/ Chicago/ Illinois	Os estudantes aprenderam a resolver problemas de probabilidade em prática bloqueada, prática intercalada ou condições híbridas que incluíam ambos os tipos de prática.	Embora a condição *all-interleaved* tenha um desempenho numericamente superior no teste, não demonstrou desempenho de teste significativamente maior em comparação com a condição *all-blocked*. A falta de uma vantagem significativa de intercalação no desempenho do teste sugere que os benefícios da intercalação encontrados com problemas matemáticos mais simples pode ser atenuada para problemas mais complexos. No entanto, uma comparação planejada comparando as três condições com alguma intercalação para a condição totalmente bloqueada revelou que a condição totalmente bloqueada levou a um menor desempenho de teste atrasado do que as condições apresentando alguma saída intercalada, apoiando a previsão de que alguma prática intercalada seria mais eficaz do que nenhuma prática intercalada, mesmo com problemas mais complexos. Os esquemas híbridos são benéficos em relação à prática totalmente bloqueada, mas podem não necessariamente conferir benefícios adicionais sobre a prática totalmente intercalada.	Desempenho prático; Desempenho tardio;	**Matemática** *Probabilidade.*	Duas sessões com o intervalo de uma semana.

Além disso, vale destacar que os resultados supramencionados serão explorados em maior profundidade, permitindo uma análise minuciosa e uma discussão detalhada em cada caso. Essa abordagem possibilitará uma compreensão mais abrangente dos achados e fornecerá *insights* relevantes para o contexto da pesquisa. Cada resultado será tratado com a devida atenção, a fim de elucidar suas implicações e contribuições significativas para o campo de estudo em questão.

Discussão

Com base nos resultados encontrados na literatura, foi possível perscrutar os principais efeitos e implicações associados ao estudo da prática intercalada como estratégia de aprendizagem na área de matemática. Esses esforços, embora incipientes, corroboram, aprimoram e impulsionam os resultados da pesquisa na temática proposta. A intercalação no contexto da aprendizagem matemática tem sido pouco explorada em estudos, porém, essa pequena parcela de pesquisas realizadas mostraram o surgimento de diversos efeitos benéficos decorrentes de sua implementação. Esses efeitos podem ser agrupados em seis categorias, organizadas de acordo com sua similaridade: i) desempenho; ii) precisão de resolução e adaptabilidade; iii) recuperação e precisão de recuperação; iv) distinção de procedimentos e discriminação de problemas; v) resiliência e conforto; e vi) consolidação de compressão e fortalecimento de associações. Para uma melhor compreensão, a relação entre esses grupos e os estudos correspondentes pode ser visualizada na Tabela 2.

Tabela 2 – Relação entre grupos de efeitos e seus estudos correspondentes.

Estudo		Grupo de efeito	
Autor	**Ano**	**Nª do grupo**	**Descrição**
Foster *et al.* Rohrer & Taylor Rohrer, Dedrick & Burgess Rohrer, Dedrick & Stershic Rohrer *et al.* Rau, Aleven, Rummel & Pardos Taylor & Rohrer Yasar *et al.* Mielicki & Wiley Nemeth, Werker & Arend	2019 2007 2014 2015 2020 2014 2010 2021 2022 2021	1	Desempenho
Rohrer & Taylor Taylor & Rohrer Nemeth, Werker & Arend	2007 2010 2021	2	Precisão de resolução e adaptabilidade
Foster *et al.* Yasar *et al.*	2019 2021	3	Recuperação e precisão de recuperação
Rohrer & Taylor Taylor & Rohrer Rohrer, Dedrick & Burgess	2007 2010 2014	4	Distinção de procedimentos e discriminação de problemas
Yasar *et al.*	2021	5	Resiliência e conforto
Rau, Aleven & Rummel Rau, Aleven, Rummel & Pardos Rohrer, Dedrick & Burgess	2013 2014 2014	6	Consolidação, compreensão e fortalecimento de associações

Fonte: elaborada pelos autores.

A categoria "desempenho" envolve a comparação direta entre a pontuação obtida de grupos de alunos que utilizaram a prática intercalada como estratégia de aprendizagem e aqueles que adotaram a prática bloqueada em testes. Na maioria dos estudos, essas comparações levam em consideração a análise de testes realizados imediatamente após a intervenção (teste imediato), bem como a análise de testes realizados posteriormente com um atraso desejado (teste tardio) (FOSTER, 2019; RAU, 2014; ROHRER, DEDRICK & STERSHIC, 2015; YASAR, 2021). No entanto, uma pequena parcela de estudos avaliou o desempenho imediato durante as próprias sessões práticas, optando por não aplicarem o teste imediatamente após a intervenção (FOSTER, 2019; ROHRER & TAYLOR, 2007; MIELICKI & WILEY, 2022; TAYLOR & ROHRER, 2010). No mesmo sentido, alguns estudos limitaram-se a avaliar, exclusivamente, o desempenho dos alunos por meio de um teste tardio, não avaliando o desempenho durante as sessões práticas e nem logo após a intervenção (NEMETH, WERKER & AREND, 2021; ROHRER, DEDRICK & BURGESS, 2014; ROHRER, 2020).

As evidências apontam que a prática intercalada melhora significativamente o desempenho matemático em testes atrasados, (FOSTER, 2019; MIELICKI & WILEY, 2022; NEMETH, WERKER & AREND, 2021; RAU, 2014; ROHRER & TAYLOR, 2007; ROHRER, DEDRICK & BURGESS, 2014; ROHRER, DEDRICK & STERSHIC, 2015; ROHRER, 2020; TAYLOR & ROHRER, 2010; YASAR, 2021), além disso, também se observam melhorias de desempenho em testes imediatos (RAU, 2014; ROHRER, DEDRICK & STERSHIC, 2015; YASAR, 2021). No entanto, é importante considerar as condições de implementação, pois variáveis emocionais, como necessidade de cognição dos alunos e interesse em matemática podem moderar sua eficácia (NEMETH, WERKER & AREND, 2021), levando a uma diferença estatisticamente não significativa entre a prática intercalada e a bloqueada (FOSTER, 2019; MIELICKI & WILEY, 2022), podendo até mesmo prejudicar o desempenho dos alunos (ROHRER & TAYLOR, 2007; TAYLOR & ROHRER, 2010).

Além disso, as evidências também corroboram para outros achados, como i) a possibilidade de a intercalação proporcionar uma certa imunidade ao esquecimento e também potencializar seus efeitos na medida que se aumenta o tempo de aplicação (ROHRER, DEDRICK & STERSHIC, 2015); ii) o indício de que altas dosagens de intercalação implicam em efeitos mais elevados (ROHRER, 2020); e iii) que a prática de intercar ainda se mantém eficaz, mesmo quando associada a outros métodos como o de comparação (ROHRER, 2020).

Outra implicação importante dessa pesquisa é a mensuração dos efeitos da prática intercalada quando aplicada como estratégia de aprendizagem para problemas matemáticos mais complexos. Associado a isso, notou-se que, embora o desempenho imediato dos alunos, obtido pela intercalação não apresente diferenças estatisticamente significativas quando comparado a prática bloqueada, o desempenho se mostrou positivo quando avaliado por meio de testes atrasados, mesmo que o efeito tenha sido pequeno, o que implica dizer que a prática intercalada pode contribuir positivamente na aprendizagem matemática mesmo quando aplicada no estudo de problemas mais complexos (MIELICKI & WILEY, 2022).

Destacamos ainda, que por mais que uma grande parcela de estudos aqui mencionados não tenham como foco de pesquisa investigar em quais dimensões a intercalação deve ser desenvolvida, ou seja, se devem ser intercaladas representações ou tipos de tarefas, encontramos um estudo que conduziu experimentos em sala de aula com esse propósito. Nessa perspectiva, as evidências sugerem que intercalar tipos de tarefas se mostrou mais vantajoso que intercalar representações (RAU, ALEVEN & RUMMEL, 2013), significando que: i) a dimensão que tem sido objeto de ampla pesquisa na perspectiva da aprendizagem matemática, intercalação de tipos de tarefas, é justamente a que se mostra mais vantajosa quando comparada à dimensão das representações intercaladas; e ii) o efeito de transferência contextual, na qual a prática intercalada se fundamenta, é sensível à dimensão que está sendo intercalada.

No entanto, se faz importante destacar que, mesmo quando a prática intercalada é aplicada na dimensão de representações intercaladas, demonstrou-se mais eficiente, em testes imediatos e atrasados, que a prática bloqueada (RAU, 2014), demonstrando que a prática intercalada se mantém vantajosa, quando comparada a prática bloqueada, independentemente de quais das duas dimensões, supramencionadas, são empregadas.

Os demais grupos de efeitos expostos na Tabela 2: precisão de resolução e adaptabilidade; recuperação e precisão de recuperação; distinção de procedimentos e discriminação de problemas; resiliência e conforto; e consolidação de compreensão e fortalecimento de associações, referem-se à benefícios intrínsecos ao desempenho e, consequentemente, aos efeitos subjacentes da implementação da prática intercalada como estratégia de aprendizagem matemática.

Diante do exposto, as evidências indicam que o desempenho consequente da aplicação da prática intercalada está diretamente relacionado à precisão média de resolução de problemas e à adaptabilidade (NEMETH, WERKER & AREND, 2010; ROHRER & TAYLOR, 2007; TAYLOR & ROHRER, 2021), de modo que um aumento no desempenho dos alunos implica diretamente em uma melhora na precisão média e uma maior adaptação para resolução de problemas matemáticos. Ainda na mesma perspectiva, os estudos apontam que a intercalação, quando comparada à prática bloqueada, promove melhorias significativas na recuperação de memórias e na precisão de tais recuperações, mais especificamente em expressões matemáticas, (FOSTER *et al.*, 2019; YASAR *et al.*, 2021), visto que análises desenvolvidas se baseando nessas variáveis indicaram que a evocação de informações como fórmulas geométricas foi positivamente influenciada pela implementação da intercalação.

Ademais, os estudos demonstram que fazer uso da prática intercalada promove melhorias impactantes na discriminação entre tipos de problemas e na distinção de procedimento matemáticos (ROHRER & TAYLOR, 2007; ROHRER, DEDRICK & BURGESS, 2014; TAYLOR & ROHRER, 2010), uma vez que, análises referentes a essa variável demonstraram que a intercalação reduziu drasticamente a frequência de erros de discriminação em testes, ao mesmo que tempo que a prática bloqueada aumentou os erros em que se fazia necessário discriminar tipos de problemas e procedimentos (TAYLOR & ROHRER, 2010). Notou-se ainda que, intercalar tipos de problemas como estratégia de aprendizagem aprimorou a resiliência dos alunos na resolução de problemas matemáticos e contribuiu para um maior conforto (YASAR, 2021), mediante que, em uma entrevistas de grupos focais, os professores que participaram da implementação da pesquisa relataram notar que seus alunos demonstraram maior resiliência e níveis de conforto elevados ao revisitar tópicos de conteúdos de outras partes do currículo como resultado do uso da intercalação.

Outra implicação importante (YASAR, 2021) diz respeito à consolidação de compreensões e fortalecimento de associações. Nessa perspectiva, a prática intercalada se mostrou promissora em intensificar a realização de associações entre conceitos matemáticos e, consequentemente, ampliar o nível de consolidação de compreensões que dependem dos mesmos (RAU, ALEVEN & RUMMEL, 2013; RAU, ALEVEN & PARDOS, 2014; ROHRER, DEDRICK & BURGESS, 2014), visto que a reativação e a abstração entre os tipos de tarefas são mais benéficas para a compreensão conceitual, promovendo um conhecimento mais robusto, associável e consolidado.

Criticamente, se faz importante destacar que os efeitos da prática intercalada apresentados aqui também podem refletir os benefícios da prática espaçada e da prática de recuperação, uma vez que a intercalação de problemas matemáticos garante, inerentemente, um maior grau de espaçamento de cada conceito específico ou habilidade na atribuição (ROHRER, DEDRICK & BURGESS, 2014; ROHRER, DEDRICK & STERSHIC, 2015; ROHRER, 2020), viabilizando que os alunos explorem os efeitos do espaçamento, e também encorajem os alunos a recordarem ou tentarem recordar as informações necessárias para resolução dos problemas (ROHRER, 2020), possibilitando vantagens da prática de recuperação.

No entanto, no que se refere ao efeito do espaçamento, um estudo conduziu uma pesquisa investigando os benefícios da prática intercalada mantendo o grau de espaçamento fixo (TAYLOR & ROHRER, 2010), e nessa perspectiva, as evidências apontam que a intercalação prejudicou o desempenho prático dos alunos, mas dobrou as pontuações em um teste aplicado um dia depois, sugerindo que a prática intercalada melhora o desempenho em testes dos alunos, mesmo sem as contribuições do espaçamento, melhorando a capacidade dos alunos em combinar cada problema matemático com seus respectivos procedimentos.

No que se refere ao tempo de execução da prática intercalada, os estudos não adotaram a mesma margem de intervalos. Enquanto uns atribuíram uma margem temporal de uma semana, com a implementação de até três sessões da estratégia de aprendizagem (FOSTER *et al.*, 2019; MIELICKI & WILEY, 2022; ROHRER & TAYLOR, 2007), outros cumpriram o ensaio em duas semanas (RAU, ALEVEN & RUMMEL, 2013; RAU, ALEVEN & PARDOS, 2014). Entretanto, algumas investigações foram mais exaustivas na implementação da intervenção, com duração de até 24 semanas (NEMETH, WERKER & AREND, 2021). Essas variações no período de tempo sugerem que não existe um consenso no intervalo ideal para empreender a prática intercalada no ambiente escolar matemático e que é possível observar resultados promissores em pouco tempo de execução, a depender da extensão do estudo investigativo e da área de concentração.

Ao observar a distribuição temporal dos estudos (Figura 5) avaliados nesta pesquisa, nossos achados evidenciam que a prática intercalada como estratégia de aprendizagem matemática, considerando as bases investigadas e nossos respectivos critérios de elegibilidade, torna-se objeto de estudo a partir das pesquisas de Rohrer no ano de 2007, sendo um dos autores que mais contribuiu com a temática, publicando diversos artigos (ROHRER & TAYLOR, 2007; TAYLOR & ROHRER, 2010; ROHRER, DEDRICK & BURGESS, 2014; ROHRER, DEDRICK & STERSHIC, 2015; ROHRER, 2020). Diante do exposto, percebe-se que a intercalação no cenário da educação matemática tem sido estudada há mais de uma década, o que nos leva a refletir quais os motivos que impedem uma maior discussão sobre suas caracterizações e, consequentemente, implementação no ensino de matemática.

Figura 5 – Distribuição temporal dos estudos (elaborada pelos autores).

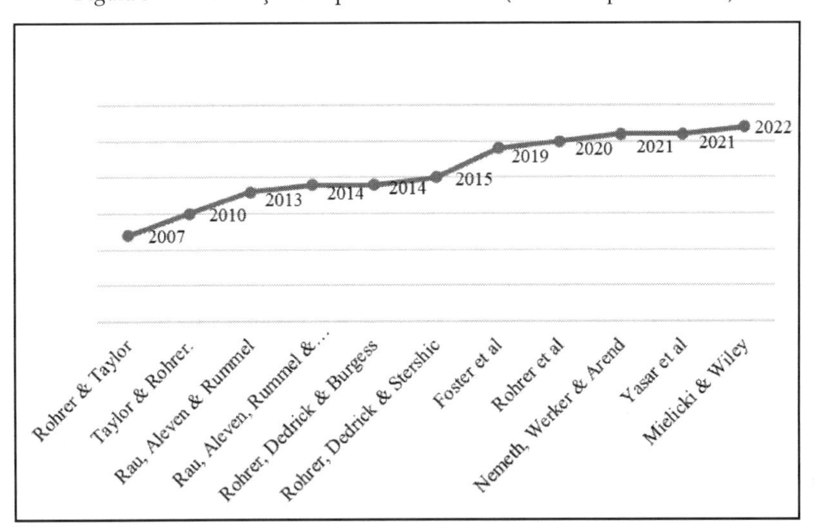

Assim, nossos resultados indicam que, embora a intercalação tenha sido amplamente estudada por mais de uma década, ainda existem lacunas na compreensão de seus mecanismos, que necessitam de pesquisas adicionais para um aprofundamento (por exemplo: tempo da estratégia, quantidade de vezes a se utilizar, temas onde ela pode ser mais utilizada, público-alvo, quantitativo de alunos, realidade socioeducacional etc). Além disso, apontamos a dificuldade dos professores em ambientes educacionais em acessar esses estudos, o que poderia estar influenciando a falta de popularidade dessa estratégia e, consequentemente, limitando a busca pelo seu entendimento e aplicação.

No que tange aos eixos temáticos tratados nas pesquisas (Figura 6), investigações envolvendo a geometria (FOSTER, 2019; ROHRER & TAYLOR, 2007; TAYLOR & ROHRER, 2010; YASAR, 2021) estiveram mais presentes. Uma hipótese levantada baseada a partir das evidências supracitadas é que este campo de conhecimento demanda maiores dificuldades de compreensão e assimilação por parte dos estudantes, sobretudo, em suas representações visuoespaciais, o que explicaria a maior demanda de estudos. Com o mesmo número de produção, álgebra (ROHRER, DEDRICK & BURGESS, 2014; ROHRER, 2020; ROHRER, DEDRICK & STERSHIC, 2015) e aritmética (NEMETH, WERKER & AREND, 2021; RAU, ALEVEN & RUMMEL,

2013; RAU, 2014) concentraram três investigações cada uma e, por fim, o eixo da Probabilidade (MIELICKI & WILEY, 2022) com apenas uma produção.

Figura 6 – Eixos Temáticos (elaborada pelos autores).

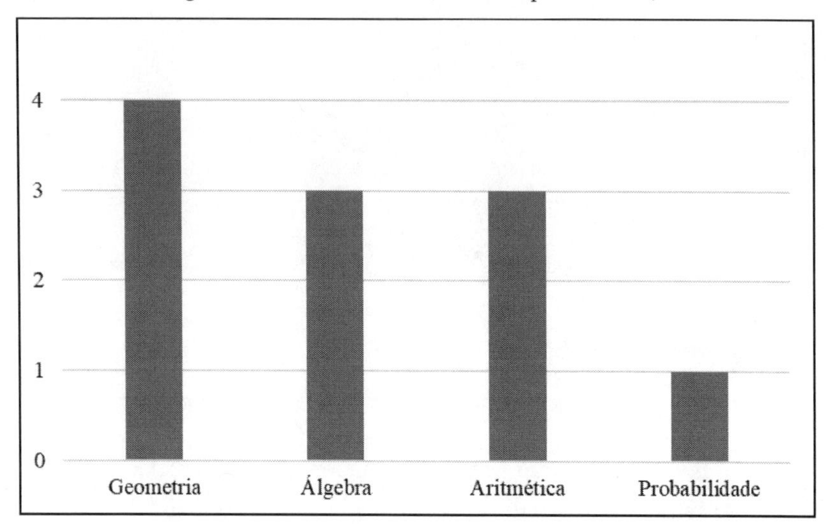

Pelo que podemos notar, a partir da Figura 5, há diversas possibilidades de estudos que precisam ser exploradas no campo da matemática, o que deixa em evidência uma lacuna de investigação, por exemplo, no ensino de números, grandezas e medidas, estatística e probabilidade.

Um outro dado destacado nesse estudo refere-se ao público envolvido nas pesquisas (Figura 6). Quanto às populações abordadas nos estudos, estudantes dos anos iniciais e finais do Ensino Fundamental foram os sujeitos mais estudados, indicando que maiores estudos devem ser conduzidos com o público do ensino médio e, principalmente, universitários. Uma hipótese para isso é que, dadas as dificuldades de aprendizagens dos estudantes neste nível de ensino, ainda é predominante uma prática docente que privilegia a resolução de problemas matemáticos em blocos, e que experiências de métodos de aprendizagens diferentes, como a prática intercalada, poderiam promover melhorias nos desempenhos acadêmicos e retenção de conhecimentos mais significativos e prolongados, o que justificaria as intervenções com este público no ensino fundamental, serem em maior número.

Figura 7 – Público alvo (elaborada pelos autores).

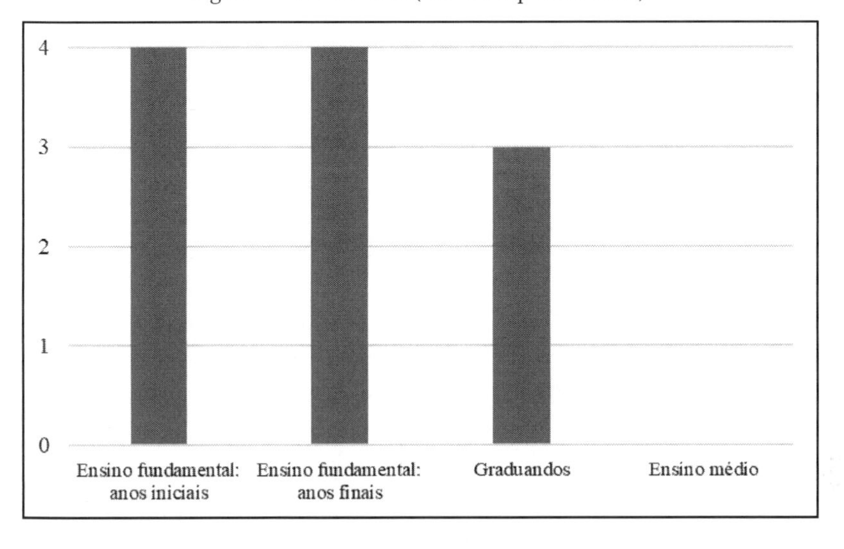

Sendo assim, destaca-se também que, por mais que uma grande parcela de estudos seja realizada com o público do ensino fundamental, essas pesquisas desenvolveram-se principalmente nos eixos temáticos de geometria, álgebra e aritmética, indicando que pesquisas adicionais devem ser realizadas. Na mesma perspectiva, as pesquisas realizadas com o público alvo universitário realizaram-se principalmente em eixos como geometria e probabilidade, indicando a necessidade da exploração dos efeitos da prática intercalada nos demais eixos.

Nosso estudo também procurou explorar os efeitos da prática intercalada como estratégia de aprendizagem matemática. Nesse contexto, se faz importante destacar: i) a ausência de pesquisas que contribuam ainda mais na compreensão desse objeto de pesquisa e seus mecanismos subjacentes; e ii) sugerir áreas específicas que ainda não foram adequadamente exploradas, esclarecidas ou respondidas. No que se refere à primeira, notou-se a falta de mais estudos que utilizem seu designer experimental de forma a controlar eventuais contribuições de estratégias como a prática espaçada e a prática de lembrar. Além disso, não foram encontradas pesquisas que associam a prática intercalada como estratégia de aprendizagem matemática com o uso de biomarcadores em geral. Ainda nessa perspectiva, constatou-se também que a literatura científica não dispõe de estudos que tenham por objetivo investigar as bases neurais da prática intercalada, assim como não fornece estudos longitudinais que evidenciem suas contribuições. Por fim, verificou-se que existe uma escassez de estudos que avaliem as contribuições da intercalação em estudantes de ensino médio e também em demais áreas da matemática como cálculo, estatística, matemática financeira e lógica matemática.

No que se refere à segunda, se faz importante pesquisas que tenham por objetivo investigar e contribuir com as lacunas de pesquisas supramencionadas, ou seja, estudos que: a) busquem validar a aplicação da prática intercalada em diferentes áreas da matemática; b) controlem interferências das demais estratégias de aprendizagem; c) utilizem de biomarcadores como variabilidade da frequência cardíaca (HRV), imagem por ressonância magnética funcional (fRMI), eletroencefalograma (EEG) para melhor compreensão do funcionamento da estratégia ; c) investiguem as bases neurais da prática intercalada; d) avaliem os efeitos da intercalação em estudos longitudinais; d) evidencie os efeitos de intercalar tipos de problemas com diferentes públicos como alunos do Ensino Médio; e, por fim e) tenham por objetivo estabelecer um intervalo de tempo médio entre a intercalação de problemas matemáticos como forma de potencializar a aprendizagem.

Considerações finais

O objetivo dessa investigação procurou caracterizar os efeitos da prática intercalada como estratégia de aprendizagem matemática. O corpo de evidências encontradas fornece implicações importantes para o cenário educacional e, particularmente, uma maneira pouco usual de o professor promover a aprendizagem dos seus alunos.

Nesse sentido, a prática intercalada ao ser implementada na área da matemática permite inferir que o objetivo desta revisão de escopo fora alcançada, preenchendo a lacuna dos efeitos dessa estratégia para a aprendizagem matemática, ao fornecer elementos importantes para alcançar o aprimoramento da aprendizagem matemática dos estudantes. Destacamos que, além do desempenho ser maior em práticas que fazem a intercalação, o qual foi uma variável encontrada na maioria dos estudos, os efeitos da estratégia intercalada também contribuíram para a precisão na resolução de problemas e na adaptabilidade, na recuperação, além da distinção de procedimentos e discriminação dos problemas e a consolidação, compreensão e fortalecimento de associações. Seus efeitos também puderam ser percebidos intrinsecamente, ao envolver resiliência e conforto durante a resolução de um problema matemático.

Dessa forma, a prática intercalada se sobrepõe a maneiras usuais de conduzir o ensino na sala de aula, como a prática bloqueada. A melhora significativa para os alunos esteve presente tanto em testes imediatos quanto tardios, o que é um indicador dos efeitos elevados à medida que se aumenta o tempo de aplicação dessa estratégia, sobretudo para problemas mais complexos de resolver. Tal evidência nos aponta que a adoção, mesmo que pontuais, desse tipo de estratégia, proporciona efeitos imediatos na aprendizagem dos alunos.

É válido ressaltar que essa revisão de escopo empregou apenas quatro bases de dados e não foram incluídas a literatura cinzenta e nem abordagens de estudos secundários, o que poderia ter deixado algumas pesquisas de fora. Portanto, novas investigações poderiam complementar nossos achados. Evidenciamos algumas lacunas de pesquisas para outros estudiosos sobre a prática intercalada, principalmente aquelas relacionadas às manifestações cerebrais que explicariam tais efeitos.

Referências

ANDERSON, J. R. **Rules of the mind. Hillsdale**, NJ, England: Lawrence Erlbaum Associates, Inc., 1993.

ANDERSON, J. R. ACT: **A simple theory of complex cognition.** Cambridge, MA, US: MIT Press, 2002.

ARKSEY, H.; O'MALLEY, L. Scoping studies: towards a methodological framework. **International journal of social research methodology**, **8**(1), 19-32, 2005.

BANNERT, M. Managing cognitive load e recent trends in cognitive load theory. **Learning and Instruction**, 12(1), 139e146. 2002. http://dx.doi.org/10.1016/S0959-4752(01)00021-4

DE CROOCK, M. B. M.; VAN MERRIENBOER, J. J. G.; PAAS, F. High versus low contextual interference in simulation-based training of troubleshooting skills: effects on transfer performance and invested mental effort. **Computers in Human Behavior**, 14(2), 249e267. 1998. http://dx.doi.org/10.1016/S0747-5632(98)00005-3.

DUNLOSKY, J.; RAWSON, K. A.; MARSH, E. J.; NATHAN, M. J.; WILLINGHAM, D. T. Improving Students' Learning With Effective Learning Techniques: Promising Directions From Cognitive and Educational Psychology. **Psychol Sci Public Interest**. 2013. Jan;14(1):4-58. doi: 10.1177/1529100612453266. PMID: 26173288.

FOSTER, N. L.; MUELLER, M. L.; WAS, C.; RAWSON, K. A.; DUNLOSKY, J. Why does interleaving improve math learning? The contributions of discriminative contrast and distributed practice. **Memory & Cognition**, **47**(6), 1088–1101, 2019. https://doi.org/10.3758/s13421-019-00918-4

FOSTER, N. L.; MUELLER, M. L.; DUNLOSKY, J.; FINKENTHAL, L. What is the impact of interleaving practice and delaying judgments on the accuracy of category-learning judgments? **Journal of Experimental Psychology. Applied**. 2022. https://doi.org/10.1037/xap0000444

HARTWIG, M.; ROHRER, D.; DEDRICK, R. Scheduling Math Practice: Students' Underappreciation of Spacing and Interleaving. **JOURNAL OF EXPERIMENTAL PSYCHOLOGY-APPLIED**, **28**(1), 100–113, 2022. https://doi.org/10.1037/xap0000391

HUGHES, C.; LEE, J. Y. Effective Approaches for Scheduling and Formatting Practice Distributed, Cumulative, and Interleaved Practice. **TEACHING Exceptional Children**, 2020. 51. 10.1177/0040059919847194.

MAGILL, R. A.; HALL, K. G. A review of the contextual interference effect in motor skill acquisition. Human movement science, 9(3-5), 241-289, 1990.

MIELICKI, M. K.; WILEY, J. Exploring the necessary conditions for observing interleaved practice benefits in math learning. **Learning and Instruction**, **80**. Scopus, 2022. https://doi.org/10.1016/j.learninstruc.2022.101583

MINISTÉRIO DA EDUCAÇÃO. (2019, 3 de dezembro). Pisa 2018 revela baixo desempenho escolar em Leitura, Matemática e Ciências no Brasil [Comunicado de imprensa]. Recuperado de http://portal.mec.gov.br/ultimas-noticias/211-218175739/83191-pisa-2018-revela-baixo-desempenho-escolar-em-leitura-matematica-e-ciencias-no-brasil

NEMETH, L.; WERKER, K.; AREND, J.; LIPOWSKY, F. Fostering the acquisition of subtraction strategies with interleaved practice: An intervention study with German third graders. **Learning and Instruction**, **71**. Scopus, 2021. https://doi.org/10.1016/j.learninstruc.2020.101354

NEMETH, L.; WERKER, K.; AREND, J.; VOGEL, S.; LIPOWSKY, F. Interleaved learning in elementary school mathematics: Effects on the flexible and adaptive use of subtraction strategies. **Frontiers in Psychology, 10**, 86, 2019.

PAAS, F.; VAN GOG, T. Optimising worked example instruction: different ways to increase germane cognitive load. **Learning and Instruction**, 16(2), 87e91, 2006. http://dx.doi.org/10.1016/j.learninstruc.2006.02.004.

PETERS, M. D.; GODFREY, C. M.; KHALIL, H.; MCINERNEY, P.; PARKER, D.; SOARES, C. B. Guidance for conducting systematic scoping reviews. **JBI Evidence Implementation, 13**(3), 141-146, 2015.

RAU, M. A.; ALEVEN, V.; RUMMEL, N. Interleaved Practice in Multi-Dimensional Learning Tasks: Which Dimension Should We Interleave? **Learning and Instruction, 23**, 98-114, 2013.

RAU, M. A.; ALEVEN, V.; RUMMEL, N.; PARDOS, Z. How Should Intelligent Tutoring Systems Sequence Multiple Graphical Representations of Fractions? A Multi-Methods Study. **International Journal of Artificial Intelligence in Education, 24**(2), 125–161, 2014.

ROHRER, D.; DEDRICK, R. F.; BURGESS, K. **The Benefit of Interleaved Mathematics Practice Is Not Limited to Superficially Similar Kinds of Problems** (pp. 1323–1330). Grantee Submission, 2014.

ROHRER, D.; DEDRICK, R. F.; HARTWIG, M. K. The Scarcity of Interleaved Practice in Mathematics Textbooks. **Educational Psychology Review**, **32**(3), 873–883. Scopus, 2020. https://doi.org/10.1007/s10648-020-09516-2

ROHRER, D.; DEDRICK, R. F.; HARTWIG, M. K.; CHEUNG, C.-N. A Randomized Controlled Trial of Interleaved Mathematics Practice. **Journal of Educational Psychology, 112**(1), 40-52, 2020.

ROHRER, D.; DEDRICK, R. F.; STERSHIC, S. Interleaved Practice Improves Mathematics Learning. **Journal of Educational Psychology, 107**(3), 900-908, 2015.

ROHRER, D.; TAYLOR, K. The Shuffling of Mathematics Problems Improves Learning. **Instructional Science: An International Journal of the Learning Sciences, 35**(6), 481-498, 2007.

ROHRER, D. Interleaving Helps Students Distinguish among Similar Concepts. **Educational Psychology Review**, 2012. 24. 355-367. 10.1007/s10648-012-9201-3.

SHEA, J. B.; MORGAN, R. L. Contextual interference effects on acquisition, retention and transfer of a motor skill. **Journal of Experimental Psychology: Human Learning and Memory**, 5, 179e187, 1979. http://dx.doi.org/10.1037//0278- 7393.5.2.179.

TAYLOR, K.; ROHRER, D. The effects of interleaved practice. **Applied Cognitive Psychology, 24**(6), 837-848. Scopus, 2010. https://doi.org/10.1002/acp.1598

TRICCO, A. C.; LILLIE, E.; ZARIN, W.; O'BRIEN, K. K.; COLQUHOUN, H.; LEVAC, D.; STRAUS, S. E. PRISMA extension for scoping reviews (PRISMA-ScR): checklist and explanation. **Annals of internal medicine, 169**(7), 467-473, 2018.

VAN MERRIËNBOER, J. J. G.; SCHUURMAN, J. G.; DE CROOCK, M. B. M.; PAAS, F. G. W. C. Redirecting learners' attention during training: effects on cognitive M.A. Rau **et al**. / Learning and Instruction 23 (2013) 98e114 113 load, transfer test performance and training efficiency. **Learning and Instruction**, 12(1), 11e37, 2002. http://dx.doi.org/10.1016/S0959-4752(01)00020-2.

YASAR, O.; VERONESI, P.; MALIEKAL, J.; LITTLE, L. A Professional Development Program on Memory Retrieval Strategies for STEM Teachers. **Journal of Computers in Mathematics and Science Teaching, 40**(3), 265-298, 2021.

WEINSTEIN, Y.; MADAN, C. R.; SUMERACKI, M. A. **Ensinando a ciência da aprendizagem**.

WF, B. Intratask interference as a source of facilitation in transfer and retention. **Topics in learning and performance**, 131-159, 1972.

BASES NEURAIS DA METACOGNIÇÃO MATEMÁTICA: contribuições para o ensino-aprendizado matemático

Rayza de Oliveira Souza
http://orcid.org/0000-0003-3589-1897

Marcos Guilherme Moura-Silva
http://orcid.org/0000-0002-8934-8614

Tadeu Oliver Gonçalves
http://orcid.org/0000-0002-2704-5853

RESUMO

Neste estudo, revisamos os estudos publicados na última década, e discutimos suas contribuições para o processo de ensino-aprendizagem. A qualidade dos estudos selecionados foi analisada a partir da escala PEDro e conduzida pelo fluxograma de seleção PRISMA. Uma busca sistemática em bases de dados eletrônicas e literatura cinzenta destacou dez estudos de neuroimagem sobre metacognição focada em domínios matemáticos, categorizados de acordo com os domínios de metadecisão e metamemória e no tipo do foco temporal (julgamentos prospectivo e retrospectivo). Nossos resultados indicam que o interesse nas pesquisas de metacognição na aprendizagem matemática, integrada ao funcionamento cerebral, aumentou na última década, tendo em vista a comparação dos números de estudos publicados recentemente. As intervenções se focaram na resolução de problemas, investigando esforços ou regulações cognitivas, principalmente relacionadas às propriedades aritméticas com nenhum registro encontrado para tarefas relativas à geometria/habilidades visuoespaciais. Estratégias de aprendizagem, como aquelas nas quais os alunos transferem o que aprenderam para outras tarefas didáticas, foram notabilizadas, avançando nosso aprendizado de como os alunos estendem suas competências matemáticas. Notou-se a alta frequência de estudos com jovens adultos em comparação a crianças e adolescentes, indicando a necessidade de ampliar o espectro da pesquisa para o público infanto-juvenil. Para além disso, em termos cerebrais, seis áreas de ativação relacionadas à metacognição em tarefas de desempenho matemático foram encontradas: giro frontal inferior esquerdo, lobo parietal inferior, giro angular, giro temporal médio, giro fusiforme e regiões pré-frontais anteriores. As áreas ativadas durante o julgamento metacognitivo de memória estiveram mais associadas ao foco temporal prospectivo, enquanto o foco temporal retrospectivo esteve mais associado à metadecisões ou aos dois domínios simultaneamente. As evidências trazem contribuições para a prática do professor que ensina matemática e, para o processo de ensino e aprendizado em ambientes educacionais, apontando para a importância de estabelecer estratégias de resolução de problemas focadas na reflexão e no monitoramento, impactando a memória e a tomada de decisão por parte do aluno frente às tarefas de aprendizagem matemática.

Palavras-chave: Metacognição Matemática, Bases Neurais, Desempenho Matemático, Revisão Sistemática, Aprendizagem.

INTRODUÇÃO

O desempenho em matemática advém de competências cognitivas (cognição), sendo também influenciado pelo nível metacognitivo matemático (DESOETE, 2008; ÖZSOY, 2010; VA VO *et al.*, 2014; ÖZCAN, 2016; DESOETE *et al.*, 2018; ZHAO *et al.*, 2019; BELLON *et al.*, 2020). Parte das diferenças individuais, no que se refere ao desempenho em tarefas acadêmicas, podem ser explicadas pela capacidade de autorregulação e autocontrole que são características da metacognição (HASSELHORN; LABUHN, 2011). Assim, a metacognição tem se destacado como uma importante variável cognitiva relacionada ao desempenho, referindo-se a um processo autorreflexivo pelo qual o sujeito monitora e avalia seu próprio aprendizado (GANDA; BORUCHOVITCH, 2018).

Estudos em ciências da educação evidenciam a importância da metacognição, tanto na aprendizagem quanto no desempenho (inclusive matemático), por outro lado, a metacognição também tem sido estudada a partir da ótica experimental e cognitiva das neurociências (FLEUR; BREDEWEG; BOS, 2021), trazendo evidências neurais sobre a codificação dos processos metacognitivos. Portanto, para efeito de posição teórica e metodológica, ficaremos na fronteira entre o campo educacional e o neurocientífico, com um foco maior neste último, buscando produzir um estudo integrado entre os campos de pesquisa.

Estudos de neuroimagem em relação às bases metacognitivas do aprendizado matemático ainda são pouco estudadas, mas existem evidências que destacam áreas cerebrais específicas relacionadas à metacognição matemática (como ANDERSON *et al.*, 2011; WINTERMUTE *et al.*, 2012, dentre outros). No entanto, além de não encontrarmos um estudo que reúna as principais evidências dessa natureza, também não está claro como os resultados dos mecanismos neurais da metacognição podem informar as ciências educacionais ou as intervenções em sala de aula. Mesmo que tenhamos avançado ao longo das últimas décadas acerca dos elementos teóricos e psicológicos relativos à metacognição matemática, os conhecimentos de suas bases neurais e suas implicações ao processo de aprendizagem ainda carecem de maiores entendimentos.

Vaccaro e Fleming (2018) fizeram uma metanálise dos últimos 20 anos acerca das bases neurais de julgamentos metacognitivos, no entanto, seus resultados não contemplam o domínio escolar matemático. Recentemente Fleur, Bredeweg e Bos (2021) revisaram a literatura sobre metacognição na neurociência educacional e cognitiva, no entanto, o foco do estudo se concentrou na metacognição de domínios gerais, não considerando o foco matemático. Nesse contexto, delineamos como questão central de pesquisa: quais áreas neurais estão envolvidas na metacognição matemática nos domínios do metaconhecimento e metacontrole? Com o objetivo de caracterizar as bases neurais da metacognição matemática em adultos e crianças, considerando estudos publicados na última década (2011-2021).

MATERIAIS E MÉTODOS

Realizou-se uma revisão sistemática da literatura científica sobre a metacognição, consultando as bases de dados eletrônicas *Scopus, Pubmed e Web Of Science* e literatura cinza para o processo de busca. Os termos considerados incluíram as seguintes combinações de palavras-chave e termos MESH: "Metacognition in Mathematics" OR "metacognition" AND "brain". Para a realização dessa revisão, além das combinações de palavras-chave e das plataformas de busca, foram estabelecidos critérios de inclusão, considerando estudos: i) publicados entre 2011 e 2021; ii) realizados com populações adultas, jovens adultos, adolescentes ou crianças; iii) artigos publicados na língua inglesa. Por outro lado, para os critérios de exclusão, delimitaram-se aqueles que: i) foram realizados em populações PcD visual, auditiva, intelectual e mental; ii) estavam fora do foco temporal; iii) não passaram por revisão por pares; v) revisão de literatura ou meta-análise.

Os estudos incluídos foram avaliados de forma independente por dois pesquisadores principais e por um terceiro, quando aconteceu discordância quanto aos critérios de elegibilidade. Após a seleção de estudos para revisão, os seguintes dados foram extraídos de cada artigo: autor, ano de publicação, título da obra, objetivo, população, método, resultados, domínio e foco temporal.

A qualidade dos estudos selecionados para essa revisão foi avaliada e fundamentada nos 11 itens da escala do Banco de Dados de Evidências Fisioterapêuticas (PEDro). A escala, amplamente utilizada na avaliação de metanálises, pondera de forma qualitativa as características dos estudos, como randomização, cegamento, comparação entre grupos e medidas de variabilidade (SHIWA *et al.*, 2011). O fluxograma PRISMA foi empregado como parâmetro para conduzir a identificação, triagem, elegibilidade e inclusão de estudos, como demostrado na Figura 1.

Figura 1 – Fluxograma de seleção de estudos prisma.

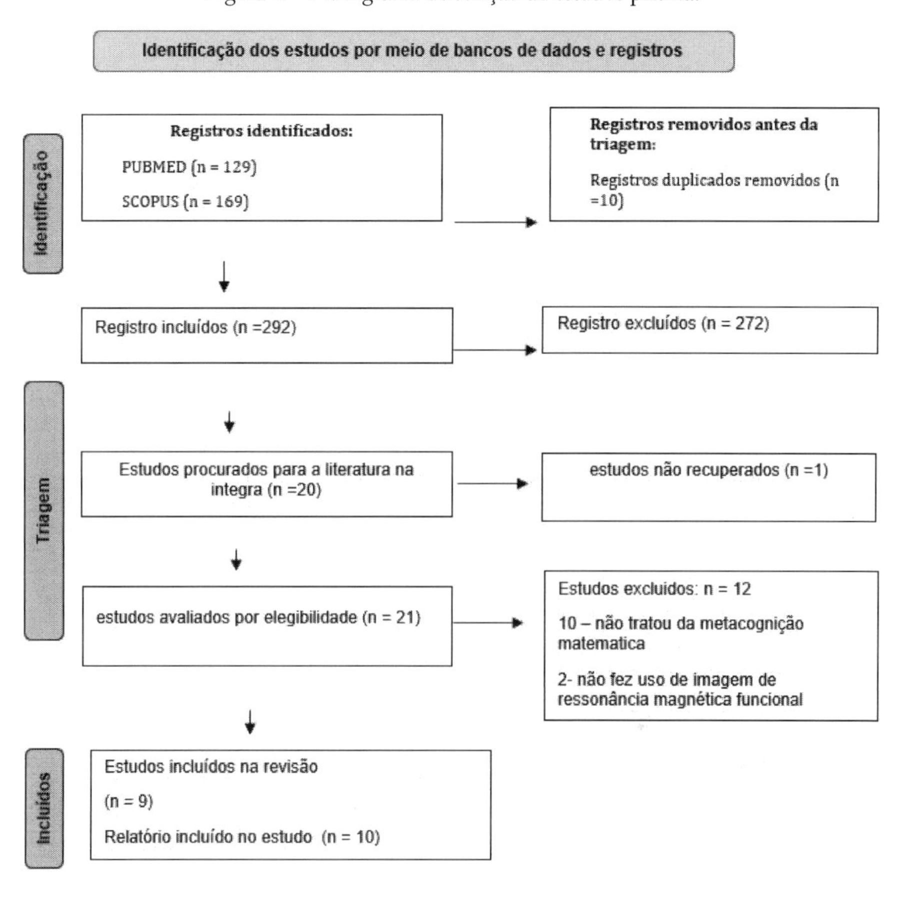

Fonte: Page *et al.* (2021).

BASES NEURAIS ENVOLVIDAS NA METACOGNIÇÃO MATEMÁTICA

Abordaremos os correlatos neurais da metacognição no processamento cognitivo de alto nível, como aqueles relacionados ao fazer matemática. Nos dez estudos selecionados, identificamos sete áreas significativas: giro frontal inferior esquerdo, lobo parietal inferior, giro angular, giro temporal médio, giro fusiforme, giro cingulado posterior e regiões pré-frontais (ver Figura 2).

Figura 2 – Síntese dos principais achados em estudos de imagem por ressonância magnética considerando metacognição matemática.

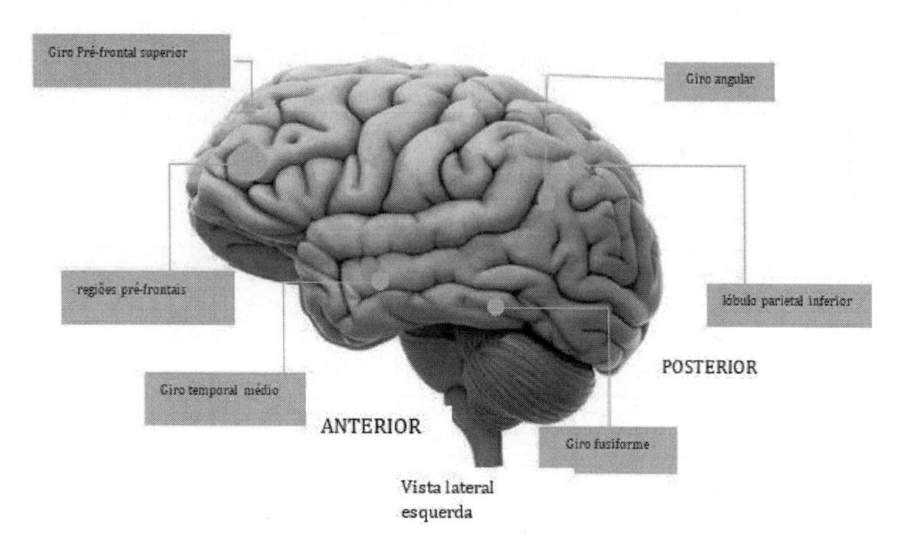

Fonte: elaborado pelos autores.

Por exemplo, Kouzalis, Konopkina e Arsalidou (2021) examinaram a área de Brodmann (BA-10) em adultos jovens durante a metacognição relacionada à autoavaliação do esforço mental exercido durante operações aritméticas, e indicaram que o sinal de fMRI no córtex pré-frontal anterior é modulado durante a tarefa de metacognição relacionada e metadecisão em uma tarefa ecológica para a sala de aula, em que o sinal do lado direito do córtex é mais estável, enquanto o lado esquerdo se mostra decrescente a depender do nível de dificuldade da atividade.

O estudo de Kouzalis, Konopkina e Arsalidou (2021) refere-se ao metacontrole (julgamento metacognitivo retrospectivo) online, mensurado em contexto experimental, o que Matta (2020) vem denominar de aprendizagem de laboratório. Contudo, se considerarmos o contexto de aprendizagem na sala de aula, inferimos, baseado nas evidências de Kousalis e colaboradores que, o nível de dificuldade da tarefa aritmética modula a ativação de determinadas áreas, principalmente o córtex pré-frontal, e pode explicar diferenças individuais de desempenho. Nesse sentido, o professor pode lançar mão de tarefas matemáticas de diferentes níveis a fim de modular e treinar o controle metacognitivo, testando diferentes níveis de dificuldade e avaliando o impacto no desenvolvimento do estudante.

Bellon, Fias, e Smedt (2020) também investigaram quais regiões neurais são ativadas durante julgamentos metacognitivos matemáticos retrospectivos, porém, com tarefas no conteúdo específico de aritmética, em vários níveis de dificuldade. O estudo realizado com 55 crianças escolares entre 9 e 10 anos, verificou que a ativação na região relacionada às funções executivas, como atenção e memória operacional espacial, durante o envolvimento no monitoramento do conhecimento metacognitivo online, esteve associado a um melhor desempenho.

A pesquisa desenvolvida por Bellon e colaboradores indica que a atividade cerebral no giro frontal inferior esquerdo, ao mesmo tempo em que revela ser uma área envolvida na consciência metacognitiva matemática, está correlacionada com o desenvolvimento aritmético de crianças escolares, evidenciando indiretamente a relação positiva da metacognição com o desempenho acadêmico matemático, destacando a importância das habilidades de monitoramento (consciência) metacognitivo para tarefas específicas, inclusive a longo prazo, uma vez que o estudo relacionou essa atividade cerebral ao desenvolvimento aritmético das crianças ao longo de um período de 3 anos, se tornando um bom indicador entre a aprendizagem de laboratório e aprendizagem de sala de aula.

Arora e colaboradores (2020) buscaram investigar se as regiões que atendem às funções metacognitivas de linguagem e a matemática são de domínios geral ou específicos. A conjunção de ativações relacionadas à identidade entre tarefa linguística e numérica se enquadram no lobo parietal inferior esquerdo relacionado à compreensão da linguagem, no precuneus, relacionado à memória (CAVANNA; TRIMBLE, 2006) e no giro cingulado posterior, relacionado à orientação, principalmente à função viso espacial (ARORA *et al.*, 2020). No entanto, o lobo parietal inferior esquerdo, especificamente o giro angular esquerdo, foi mais fortemente acionado durante a recuperação de fatos aritméticos (por exemplo, 2 × 4 = 8) em comparação com o processamento de magnitude de número (por exemplo, 43 – 12 = 31).

Arora e colaboradores (2020) indicam que é possível isolar as áreas cerebrais ativadas para tarefas que investigam a identidade de algo em domínios distintos metacognitivos. Uma possível aplicação do estudo para o campo educacional pode se dar se considerarmos que funções cognitivas de domínios gerais podem ser acessadas de várias maneiras quando requerido pelo sujeito, por consequência, esse resultado pode ser replicado para a metacognição, aspectos metacognitivos podem ser ativados de modo consciente, principalmente quando se realiza julgamento de aprendizagem que possibilita o reconhecimento de itens de estudo em tese, inclusive matemáticos, na qual requerem julgamentos de identidade.

Pesquisar sobre funções cognitivas de domínios gerais e sobre como o cérebro aprende pode fornecer uma visão ao professor sobre as origens das diferenças individuais de desempenho escolares (ROELL *et al.*, 2021). Saber quais fatores cognitivos estão associados às diferenças individuais na aritmética pode ser o caminho para obter mais informações sobre o desenvolvimento matemático de crianças em idade escolar (BELLON, FIAS; SMED, 2019).

Refletir conscientemente sobre o que se sabe e como estender esse conhecimento para outros domínios é de grande valia para o processo de aprendizagem. Anderson e Fincham (2014) buscaram entender os procedimentos de resolução de problemas por meio da reflexão. O estudo orientou o desenvolvimento de uma teoria de extensão procedural dentro da teoria do Controle Adaptativo do Pensamento Racional – ACT-R (ANDERSON, 2007) de como as pessoas estendem seus procedimentos de resolução de problemas refletindo sobre eles. Dentro dessa teoria, o conhecimento declarativo é armazenado na forma de blocos chaves. O experimento foi realizado em dois momentos contando com a participação de 75 participantes: em um primeiro momento, os participantes resolveram problemas na qual já dominavam seu processo de resolução; em segundo momento, os sujeitos da pesquisa foram testados em um scanner de fMRI resolvendo problemas nas quais dominavam seu processo de resolução e outros que eram vistos pela primeira vez. Os resultados indicaram que a metacognição matemática está associada com atividade no córtex pré-frontal rostro lateral, e o giro angular, mostra padrões semelhantes de atividade para problemas nos quais os sujeitos não dominavam seu processo de resolução.

Durante problemas matemáticos atípicos, ou seja, problemas que não faziam parte do repertório de conhecimento e resolução dos estudantes, rede metacognitiva foi ativada incluindo o giro pré-frontal superior, o giro angular (envolvido nos processos relacionados à linguagem, processamento numérico e resgate de memórias, apoiando a manipulação de números na forma verbal (DEHAENE *et al.*, 2010), giro temporal médio, giro fusiforme (considerado uma estrutura chave para cálculos (Weinera e Zilles, 2015)) e regiões pré-frontais anteriores, responsáveis por escolha de opções e estratégias comportamentais e manutenção da atenção (ANDERSON *et al.*, 2011; WINTERMUTE *et al.*, 2012) (ver figura 6 no tópico "Redes cognitivas e metacognitivas relacionadas às tarefas de desempenho matemático: aspectos neurais").

O estudo de Anderson e Fincham (2014) abordou uma habilidade necessária para o ensino-aprendizagem de matemática que é a transferência de um domínio matemático aprendido para outras situações didáticas. Transferências bem-sucedidas podem ser consideradas exemplos concretos de um alto conhecimento metacognitivo. Apresentamos dois exemplos de transferência em situações didáticas: i) as crianças que aprendem os princípios básicos para resolver equações podem aplicá-los com sucesso em vários tipos de equações; ii) as crianças podem usar o que sabem sobre a área dos retângulos para encontrar a área de um paralelogramo. Em termos gerais, espera-se que os alunos sejam capazes de "gerar" novos procedimentos e estender ou modificar aqueles que já sabem, por meio de processos reflexivos (conhecimento metacognitivo).

Lee, Anderson e Fincham (2015) investigaram por sua vez diferenças na aprendizagem quando se está aprendendo com exemplos versus instruções verbais na resolução de problemas matemáticos, identificando assinaturas de diferentes ativações cerebrais para os dois tipos de processo de resolução de problemas. Quando eram usados exemplos, uma maior ativação foi encontrada nas regiões pré-frontal e parietal (envolvidas na resolução de problemas matemáticos). Por outro lado, quando era utilizado instruções verbais, notou-se aumento da ativação em regiões motoras e visuais, sugerindo que diferentes métodos de ensino podem resultar em um processo de codificação diferente, instruções verbais fazem parte do repertório metacognitivo e apresentaram melhores resultados que a estratégia de exemplos, evidência que pode ser útil para o professor na escolha do material empregado em sala de aula, um vez que indica, de modo instrutivo, implicações sobre quando a instrução baseada em exemplo pode ser mais apropriada.

Lee, Anderson e Fincham (2015) conceituam o processo de transmissão de conhecimento procedimental e conceitual: sendo o primeiro a capacidade de resolver problemas específicos, e o segundo caraterizado como entender as relações entre os elementos do domínio abstraídos de sua conexão com qualquer procedimento na solução de problemas, concluindo que o processamento de um exemplo destacado no parágrafo anterior se concentre mais em transmitir conhecimento de modo procedimental do que propriamente o conceito, sendo esses dois processos importantes para o fazer metacognitivo.

Taillan, Dufau e Lemaire (2015) pesquisaram como escolhemos as estratégias para realizar uma tarefa cognitiva relacionadas à resolução de problemas aritméticos de multiplicação com arredondamentos para cima ou para baixo. Os dados comportamentais revelaram que os participantes selecionaram a melhor estratégia com mais frequência em problemas homogêneos (por exemplo, 34 x 36), provocaram atividades cerebrais mais positivas do que problemas heterogêneos (por exemplo, 61 x 36), principalmente em áreas parietais, occipitoparietal, pré-frontal e frontal, áreas ligadas à metacognição, devendo levar em consideração que problemas homogêneos são mais fáceis de se resolver, pois seus operadores estão mais próximos de dezenas. Essas descobertas têm importantes contribuições para o campo educacional implicando como diferentes sistemas educacionais moldam o tipo de mecanismos de seleção de estratégia usados pelos escolares ao fazer arredondamento numérico, por exemplo, podendo ser replicado para outros domínios matemáticos.

Jonsson, Norqvist e Liljekvist (2015) investigaram os efeitos duradouros no desempenho e na atividade cerebral quando se aprende matemática sem um método de solução sugerido, concluindo que os participantes que criaram o método de solução por conta própria mostraram atividade cerebral no giro angular, área relacionada em estudos anteriores com metacognição matemática. Esses resultados indicam que podem haver vantagens em criar o método de solução por conta própria e, assim, ter implicações para a concepção de métodos de ensino, contribuindo para melhoria em níveis metacognitivos matemáticos de escolares e, por consequência, no desempenho em tarefas que envolvam raciocínio algorítmico e criativo em matemática.

Anderson *et al.* (2011) relacionou as áreas neurais da metacognição ao Modelo de Código Triplo-MCT, especificamente o giro angular, presente na referida teoria. Proposto por Dehaene e Cohen (1995), o MCT faz referência à cognição numérica na qual os números podem ser manipulados de três maneiras: dígitos arábicos, representação analógica das quantidades de magnitude não-simbólica, e formato verbal, em que os números são concebidos por uma ordem de palavras (DEHAENE e COHEN, 1995; MOLINA *et al.*, 2015; SKAGENHOLT *et al.*, 2018). Anderson *et al.* (2011) exploraram o impacto de áreas metacognitivas dos conhecimentos matemáticos de maneiras não rotineiras versus rotineiras, além de objetivar o desenvolvimento de um modelo de atividade metacognitiva na resolução de problemas matemáticos. Os resultados deste experimento têm implicações importantes sobre como modelar o processamento metacognitivo em matemática, sugerindo que é necessário incorporar vários módulos separados que executam funções diferentes quando confrontados com uma situação que evoca a metacognição.

Anderson, Lee e Fincham (2014) exploraram as etapas da resolução de problemas matemáticos, e os fatores que influenciam sua duração e como essas etapas se relacionam com a aprendizagem de uma nova competência matemática. O estudo foi realizado com 75 participantes adultos submetidos a um estudo com *scanner*, no qual passaram por fases principais na resolução de problemas: i) definição (identificação do problema a ser resolvido) associada a atividades relacionadas à atenção visual e regiões de rede padrão; ii) codificação (compilação das informações necessárias para a resolução do problema) caracterizada por atividade em regiões visuais; iii) computação (se realiza o cálculo aritmético necessário) agregada à atividade em regiões ativas em tarefas matemáticas; iv) transformação (realiza, se necessário, quaisquer transformações e equações matemáticas) caracterizada por atividade em regiões matemáticas e de resposta; v) resposta (resposta do problema) ligada à atividade nas regiões motoras.

É importante destacar que as etapas de problemas evidenciados por Anderson, Lee e Fincham (2014) se relacionam e se confundem com as etapas metacognitivas para a resolução de problemas matemáticos, além disso, os resultados de *scanner* de imagem de ressonância magnética funcional apresentados pelos pesquisadores do estudo citado acima, identificaram aumento da ativação no córtex pré-frontal rostrolateral (engajado no processo reflexivo e no *feedback* em experimentos de memória episódica) e no giro angular (envolvido na reflexão em outra tarefa de resolução de problemas matemáticos, mas ativada no processo de planejamento de solução de problemas), regiões associadas à metacognição. O estudo Anderson, Lee e Fincham (2014) revela grande potencialidade para o ambiente educacional matemático por centralizar a discussão para as fases da resolução de um problema relacionando cada fase com atividades cerebrais e como essas etapas se relacionam com a aprendizagem de uma nova competência matemática.

CONCLUSÕES

Nossos resultados indicam que o interesse nas pesquisas de metacognição na aprendizagem matemática, integrada ao funcionamento cerebral, aumentou na última década. As intervenções se focaram na resolução de problemas, investigando esforços ou regulações cognitivas, principalmente relacionadas às propriedades aritméticas com nenhum registro encontrado para tarefas relativas à geometria/habilidades visuoespaciais. Estratégias de aprendizagem, como aquelas nas quais os alunos transferem o que aprenderam para outras situações/tarefas didáticas, foram notabilizadas, avançando nosso aprendizado de como os alunos estendem suas competências matemáticas. Notou-se a alta frequência de estudos com jovens adultos em comparação a crianças e adolescentes, indicando a necessidade de ampliar o espectro da pesquisa para o público infanto-juvenil.

Em termos cerebrais, seis agrupamentos significativos foram identificados como focos de ativação relacionados à metacognição matemática: giro frontal inferior esquerdo, lobo parietal inferior, giro angular, giro temporal médio, giro fusiforme e regiões pré-frontais anteriores, algumas já associadas ao conhecido como código triplo proposto por Dehaene em estudos anteriores.

No que diz respeito às tarefas metacognitivas investigadas, inferimos que a maioria dos domínios abordados estão relacionados à aritmética e álgebra, evidenciando a falta de estudos no que diz respeito a aplicação de metacontrole, metaconhecimento e metamemória no domínio da geometria ou com foco na memória visuoespacial.

REFERÊNCIAS

ANDERSON, J.; BETTS, S.; FERRIS, J.; FINCHAM, J. Cognitive and metacognitive activity in mathematical problem solving: prefrontal and parietal patterns. **Cogn Affect Behav Neurosci**, v. 11:52–67, 2011.

ARORA, A. *et al.* What's in a Hub?-Representing Identity in Language and Mathematics. **Neuroscience**. V.432:104-114. 2020. doi:10.1016/j. neuroscience.2020.02.032

BAIRD, B.; SMALLWOOD, J.; GORGOLEWSKI, K.; MARGULIES, D. Medial and Lateral Networks in Anterior Prefrontal Cortex Support Metacognitive Ability for Memory and Perception. **J Neurosci**, 16; 33(42): 16657–16665, 2013.

BAIRD, B.; CIESLAK, M.; SMALLWOOD, J.; GRAFTON, S. T.; SCHOOLER, J. W. Regional white matter variation associated with domain-specific metacognitive accuracy. **Journal of cognitive neuroscience**, 27(3), 440–452. 2015.

BÈGUE, I; COJAN, Y; VUILLEUMIER, P. Inter-individual variability in metacognitive ability for visuomotor performance and underlying brain structures. **Consciousness and Cognition**, v.36, p.327-337, 2015.

BELLON, E.; FIAS, W.; ANSARI, D.; SMEDT, B. The neural basis of metacognitive monitoring during arithmetic in the developing brain. **Human Brain Mapping**, 41, 4562-4573, 2020.

BONI, K.; LABURÚ, E. Conceitualização e metacognição em Ciências e Matemática: pressupostos teóricos de um instrumento analítico. **Amazônia: Revista de Educação em Ciências e Matemáticas**, v. 14, n. 29, p. 177-192, 2018.

BORUCHOVITCH, E.; Autorregulação da aprendizagem: contribuições da psicologia educacional para a formação de professores. **Revista Quadrimestral da Associação Brasileira de Psicologia Escolar e Educacional**, São Paulo. v. 18, n. 3, p. 401-409, 2014.

CAVANNA, E.; TRIMBLE, M. The precuneus: a review of its functional anatomy and behavioural correlates. **Brain**. 129 (3) 564-83, 2006. doi: 10.1093/brain/awl004. Epub 2006 Jan 6. PMID: 16399806.

CHANG, H.; BEILOCK, S. The math anxiety-math performance link and its relation to individual and environmental factors: a review of current behavioral and psychophysiological research. **Current Opinion in Behavioral Sciences**, v. 10, 33-38, Aug. 2016.

CHEN, J.; FENG, T.; SHI, J.; LIU, L.; LI, H. Neural representation of decision confidence. **Behavioural Brain Research**, 245, 50–57. 2013. doi:10.1016/j. bbr.2013.02.004.

CHUA, E.; SCHACTER, D.; SPERLING, R. Correlatos neurais de metamemória . **Journal of Cognitive Neuroscience** , 21 , 1751 – 1765. 2009.

CLARK, I. Formative assessment: assessment is for self-regulated learning. **Educ. Psychol. Rev**. v.24, p.205–249. 2012. doi: 10.1007/s10648-011-9191-6.

COLE, M.;REYNOLDS J.; POWER, J.; REPOVS, G.; ANTICEVIC, A.; BRAVER, T. Multi-task connectivity reveals flexible hubs for adaptive task control . **Nat Neurosci**, 16:1348-1355, 2013. doi: 10.1038 / nn.3470 pmid: 23892552.

DE MARTINO, B.; FLEMING, S.; GARRETT, N.; DOLAN, R. Confidence in value-based choice. **Nature Neuroscience**, 16(1), 105–110. 2012. doi:10.1038/ nn.3279.

DEHAENE, S.; COHEN, L. **Un modèle arithmétique e fonctionnel de l'arithmétique mental.** In M. Pesenti & X. Seron (Eds.), Neuropsychologie des troubles du cálculo e du traitement des números (pp. 191-232). Marseille, France: Solal, 1995.

DESENDER, K.; SASANGUIE, D. Math anxiety relates positively to metacognitive insight into mathematical decision making. **Psychological Research**, 2021. https:// doi.org/10.1007/s00426-021-01511-8.

DESOETE, A. Multi-method assessment of metacognitive skills in elementary school children: How you test is what you get. **Metacognition and Learning**, 3(1), 189-206, 2008. doi: 10.1007/s11409-008-9026-0.

DESOETE, A.; BATEN, E.; VERCAEMST, V.; BUSSCHERE, A.; BAUDONCK, M.; VANHAEKE, J. Metacognition and motivation as predictors for mathematics performance of Belgian elementary school children. **ZDM Mathematics Education**, v. 51, 667-677, 2019.

DESOETE, A.; CRAENE, B. Metacognition and mathematics education: an overview. **ZDM: the international journal on mathematics education**, v. 51, n. 3, 2019.

DO LAM, A. *et al.* Monitoring the Mind: The Neurocognitive Correlates of Metamemory. **PLOS ONE** v. 7, n. 1, 2012.

EFKLIDES, A.; VLACHOPOULOS, S. Measurement of Metacognitive Knowledge of Self, Task, and Strategies in Mathematics, **European Journal of Psychological Assessment**. v. 28, n. 3, p. 227-239, 2012.

ELMAN, J.; KLOSTERMANN, E.; MARIAN, D.; VERSTAEN, A,.; SHIMAMURA, A. Neural correlates of metacognitive monitoring during episodic and semantic retrieval. **Cognition Affect Behav Neurosci**. v. 12, n. 3, p. 599-609, 2012.

FISHER, R. Pensando sobre o pensamento: desenvolvendo metacognição em crianças. **Early Child Dev. Care** 141 (1), 1-15 (1998). https://doi.org/10.1080/0300443981410101

FLAVELL, J. Metacognition and cognitive monitoring. **American Psychologist**, v. 34, p. 906-911, 1979.

FLEMING, S.; WEIL, R.; NAGY, Z.; DOLAN, R.; REES, G. Relating introspective accuracy to individual differences in brain structure. **Science**, New York, 329(5998), 1541–1543. 2010. https://doi.org/10.1126/science.1191883

FLEMING, S.; DOLAN, R. The neural basis of metacognitive ability. **Philos Trans R Soc Lond B Biol Sci.** 19; 367(1594): 1338-1349, 2012.

FLEMING, S.; HUIJGEN, J.; DOLAN, R. Prefrontal Contributions to Metacognition in Perceptual Decision Making. **J Neurosci.** v.32, n. 18, p. 6117-6125, 2012.

FLEMING, S.; DOLAN, R. A base neural da habilidade metacognitiva. In: Fleming SM, Frith CD. (eds) **The Cognitive Neuroscience of Metacognition**. Berlim; Heidelberg: Springer, pp. 245-266, 2014.

FLEMING, S.; LAU, H. How to measure metacognition. **Front. Hum. Neurosci.** 2014.

FLEUR, DS; BREDEWEG, B; BOS, W. Metacognition: ideas and insights from neuro and educational sciences. **NPJ Sci Learn.** Jun 8;6(1):13. 2021.

GANDA, D.; BORUCHOVITCH, E. A autorregulação da aprendizagem: principais conceitos e modelos teóricos. **Psic. da Ed.**, São Paulo, v. 46, 1º sem. de 2018, p. 71-80, 2018.

GILLIE, B.; VASEY, M.; THAYER, J. Heart rate variability predicts control over memory retrieval. **Psychol Sci,** v. 25, p. 458-465, 2013.

HOLZMAN J.; BRIDGETT J. Heart rate variability indices as bio-markers of top-down selfregulatory mechanisms: A meta-analytic review. **Neuroscience & Biobehavioral Reviews**, v. 74, p. 233-255, 2017.

JOUA, G.; SPERBB, T. A Metacognição como Estratégia Reguladora da Aprendizagem. **Psicologia: Reflexão e Crítica,** v. 19, n. 2, p. 177-185, 2006.

KARLSSOR, L.; LITHNER, J.; JONSSON, B.; LILJEKVIST, Y.; NORQVIST, M.; NYBERG, L. Learning mathematics without a suggested solution method: Durable effects on performance and brain activity. **Trends in Neuroscience and Education,** 4(1-2), 6-14. 2015. doi:10.1016/j.tine.2015.03.002

LAI, Y.; ZHU, X.; CHEN, Y.; LI, Y. Effects of Mathematics Anxiety and Mathematical Metacognition on Word Problem Solving in Children with and without Mathematical Learning Difficulties. **Plos one**, v. 10, n. 6, e 0130570, 2015.

LAPATE, R. *et al.* Perceptual metacognition of human faces is causally supported by function of the lateral prefrontal cortex. **Commun Biol**, v. 3, p. 360, 2020.

LEGG, A.; LOCKER, L. Math performance and its relationship to math anxiety and metacognition. **N AM J Psychol**. 11: 471-486, 2009.

MEESSEN, J.; SUTTERLIN, S.; GAUGGEL, S.; FORKMANN, T. Learning by heart—the relationship between resting vagal tone and metacognitive judgments: a pilot study. **Cognitive Processing,** v. 19, n. 4, p. 557-561, 2018.

MEVARECH, Z.; FRIDKIN, S. The effects of IMPROVE on mathematical knowledge, mathematical reasoning and meta-cognition. **Metacognition Learning**. v. 1, p. 85-97, 2006.

MILLER, H; BICHSEL, J. Anxiety, Working memory, gender, and math performance. **Personality and individual Differences**, v. 37. n. 3, p. 591-606, 2004.

MOLINA, J. *et al.* Cognição numérica de crianças pré-escolares brasileiras pela ZAREKI-K. **Temas psicol.**, Ribeirão Preto, v. 23, n. 1, p. 123-135, 2015.

MORALES, J.; LAU, H.; FLEMING, S. Domain-General and Domain-Specific Patterns of Activity Supporting Metacognition in Human Prefrontal Cortex. **J Neurosci**. v. 4, n. 38, p. 3534-3546, 2018.

ÖZCAN, Z. The Relationship between Mathematical Problem-Solving Skills and Self-Regulated Learning through Homework Behaviours, Motivation, and Metacognition. **International Journal of Mathematical Education in Science and Technology**, v. 47, n. 3, p. 408-420, 2016.

PAUL, E.; SMITH, J.; VALENTIN, V.; TURNER, B.; BARBEY, A.; ASHBY, F. Neural networks underlying the metacognitive uncertainty response. **Cortex** , 71, 306-322, 2015.

RICHARDSON, F. C.; SUINN, R. M. The Mathematics Anxiety Rating Scale. **Journal of Counseling Psychology**, 19, 551-554, 1972.

SKAGENHOLT, M.; TRÄFF, U.; VÄSTFJÄLL, D.; SKAGERLUND, K. Examining the Triple Code Model in numerical cognition: An fMRI study. **PLoS One**. v. 13 (6): e0199247. 2018.

TAILLAN, J.; DUFAU, S.; LEMAIRE, P. How Do We Choose Among Strategies to Accomplish Cognitive Tasks? Evidence From Behavioral and Event-Related Potential Data in Arithmetic Problem Solving. **Mind, Brain, and Education**, 9(4), 222–231. 2015.doi:10.1111/mbe.12095

VACCARO, A. G.; FLEMING, S. M. Thinking about thinking: A coordinate-based meta-analysis of neuroimaging studies of metacognitive judgements. **Brain Neurosci Adv**. 2018.

WAN, X.; CHENG, K.; TANAKA, K. The Neural System of Postdecision Evaluation in Rostral Frontal Cortex during Problem-solving Tasks. **eNeuro.** v. 3, n. 4, 2016.

WINTERMUTE S.; BETTS, S.; FERRIS, J. L.; FINCHAM, J. M.; ANDERSON, J. Brain Networks Supporting Execution of Mathematical Skills versus Acquisition of New Mathematical Competence. **PLoS ONE**, 7(12): e50154. 2012 doi:10.1371/journal.pone.0050154.

WINNE, P.; HADWIN, A. "Studying as self-regulated engagement in learning," **in Metacognition in Educational Theory and Practice**, eds D. Hacker, J. Dunlosky, and A. Graesser (Hillsdale, NJ: Erlbaum), 277-304. 1998.

WINNE, P.; HADWIN, A. "nStudy: tracing and supporting self-regulated learning in the internet," **in International Handbook of Metacognition and Learning Technologies**, eds R. Azevedo and V. Aleven (New York, NY: Springer), 293-308.2013.

ZHAO, N.; TENG, X.; LI, W.; LI, Y.; WANG, S.; WEN, H.; YI, M. A path model for metacognition and its relation to problem-solving strategies and achievement for different tasks. **ZDM Mathematics Education** 51, 641-653, 2019.

PARTE 2

SAÚDE CEREBRAL, ATIVIDADE FÍSICA E APRENDIZAGEM MATEMÁTICA

APRENDIZADO MATEMÁTICO E APTIDÃO FÍSICA

Felipe Barradas Cordeiro
https://orcid.org/0000-0003-4854-2653

João Bento Torres-Neto
http://orcid.org/0000-0002-9155-9445

RESUMO

A aptidão física é uma característica que engloba a capacidade de realizar tarefas diárias com vigor e atenção, sem fadiga excessiva e com ampla energia para desfrutar de atividades de lazer e enfrentar emergências imprevistas, podendo ser dividida em dois domínios principais: habilidades físicas e aspectos da saúde. Esses domínios englobam várias subdivisões, como aptidão cardiorrespiratória, força muscular, flexibilidade, equilíbrio, entre outros. Cada um desses subdomínios pode afetar diferentes aspectos do desempenho cognitivo e acadêmico. Estudos têm mostrado que a aptidão física está relacionada ao funcionamento do cérebro e ao desempenho acadêmico. Crianças com melhor aptidão cardiorrespiratória tendem a apresentar maior índice de atenção e memória de trabalho. Além disso, a aptidão aeróbica está associada ao aumento do volume do hipocampo, uma região cerebral importante para a formação de memórias. O desempenho escolar também é influenciado pela aptidão física. Crianças obesas geralmente têm um desempenho acadêmico inferior em comparação com crianças com peso normal. Além disso, a aptidão aeróbica, a agilidade e a velocidade são preditores do desempenho acadêmico, e a aptidão física pode afetar positivamente a saúde mental, autoestima e comportamento dos alunos em sala de aula. No contexto do desempenho matemático, a aptidão física mostra-se relevante. Crianças com melhor aptidão física geral têm maior probabilidade de obter altos níveis de desempenho em testes de matemática. A aptidão aeróbica é um dos subdomínios mais estudados nessa relação, mas a força e a flexibilidade também têm impacto. A memória

de trabalho parece mediar a associação entre aptidão física e desempenho em matemática. Portanto, é essencial incentivar a prática regular de atividade física em crianças e adolescentes para melhorar a aptidão física, a saúde cerebral e o desempenho acadêmico. A realização de pelo menos 60 minutos diários de atividade física moderada a vigorosa é recomendada para essa faixa etária. Isso pode proporcionar benefícios significativos, especialmente no desempenho em matemática e outras disciplinas escolares. A aptidão física deve ser encarada como uma aliada no desenvolvimento cognitivo e acadêmico dos jovens. No decorrer deste capítulo vamos descobrir como a aptidão física impacta a saúde cerebral[3], assim como o impacto desse constructo no desempenho escolar e, de forma mais específica, no desempenho em matemática.
Palavras-chave: Aprendizado Matemático, Aptidão Física, Saúde Cerebral.

O que é aptidão física?

Em 1971, Clarke Henry Harrison, consultor de pesquisa do "Conselho Presidencial de Esportes, Aptidão Física e Nutrição" dos Estados Unidos, foi o principal responsável pela publicação de um artigo chamado "Basic understanding of physical fitness" e que introduziu uma definição de aptidão física amplamente aceita:

> "...a capacidade de realizar tarefas diárias com vigor e atenção, sem fadiga excessiva e ampla energia para desfrutar de atividades de lazer e enfrentar emergências imprevistas" (PRESIDENT'S COUNCIL ON PHYSICAL FITNESS AND SPORT, 1971).

Dentro desse conceito, a aptidão física é dividida em dois domínios, podendo estar relacionada com habilidades ou com aspectos da saúde (CASPERSEN; POWELL; CHRISTENSON, 1985). Esses dois domínios ainda apresentam subdivisões, como pode ser visto na Figura 1.

Para evitar confusões como, por exemplo, os termos "vigor", "atenção" e "ampla energia", principalmente durante a avaliação da aptidão física, outras

3 Saúde Cerebral: um estado dinâmico, multidimensional e ao longo da vida, que consiste em domínios cognitivos, emocionais e motores sustentados por processos fisiológicos que podem ser medidos objetivamente e experimentados subjetivamente (CHEN et al., 2021).

definições surgiram, como a do Colégio Americano de Medicina do Esporte, que define a Aptidão física como:

> "...capacidade de realizar níveis moderados a vigorosos de atividade física sem fadiga indevida e a capacidade de manter essa capacidade ao longo da vida" (AMERICAN COLLEGE OF SPORTS MEDICINE, 2021).

Figura 1 – Subdomínios da aptidão física.

Fonte: Adaptado de Caspersen, Powell e Christenson (1985).

Após essa definição inicial sobre a aptidão física, vamos seguir adiante e entender como esse constructo impacta nosso cérebro[4], desempenho acadêmico e, mais especificamente, o desempenho matemático.

Como a aptidão física impacta o nosso cérebro?

Quando analisamos a aptidão cardiorrespiratória de crianças durante a linha do tempo, percebemos que houve uma melhora nesse componente

---

4 Cérebro: um órgão do sistema nervoso que comanda os sentidos, movimentos, emoções, linguagem, respostas estimuladas por tarefas, comunicação, pensamento e memória (MALDONADO; ALSAYOURI, 2021).

durante os anos de 1950 e 1970, seguido, no entanto, de um declínio acentuado entre os anos de 1970 e 2003 (TOMKINSON; OLDS, 2007). Esse fato, associado à crescente pressão das escolas para melhorar o desempenho cognitivo[5] fomentou o debate sobre a relação entre aptidão física e desempenho cognitivo (NIEDERER *et al.*, 2011).

Desde 1958, os pesquisadores já se esforçam para entender a relação entre aptidão física e os "atributos orgânicos, mentais e sociais da criança" (CLARKE, 1958). A partir de então, um crescente corpo de evidências tem relacionado o nível de aptidão física com aspectos funcionais e estruturais do sistema nervoso[6] (BEST *et al.*, 2020; CHADDOCK-HEYMAN *et al.*, 2014; COLCOMBE; KRAMER, 2003; HOGAN *et al.*, 2015; ILONA *et al.*, 2020; KHAN; HILLMAN, 2014; NIEDERER *et al.*, 2011; VOSS *et al.*, 2016).

Subdomínios específicos da aptidão física impactam diferentes domínios do desempenho cognitivo. Em crianças pré-escolares, melhor aptidão cardiorrespiratória está associada a melhores índices de atenção, em paralelo, a maior agilidade está associada com melhores índices de atenção e de memória de trabalho. Além disso, análises longitudinais do desenvolvimento dessas crianças ao longo de 9 meses, revelaram que, quanto maior o nível de aptidão cardiorrespiratória das crianças, mais elas melhoraram sua atenção. Por outro lado, quanto melhor foi o equilíbrio das crianças, mais elas melhoraram sua memória de trabalho durante esse mesmo período (NIEDERER *et al.*, 2011).

Alguns subdomínios da aptidão física estão associados à mudanças estruturais no cérebro. Quando olhamos para composição corporal[7], maiores índices de massa corporal estão associados a uma menor integridade da substância branca[8] do cérebro, essa associação pode ser explicada, inclusive, por fatores

---

5 Desempenho Cognitivo: desempenho de indivíduos saudáveis em testes cognitivos (RIETVELD *et al.*, 2014).

6 Sistema Nervoso: o sistema nervoso inclui todo o tecido neural do corpo e é responsável por transportar informações de uma região do corpo para outra, além de monitorar e responder a mudanças no ambiente interno e externo (FARLEY *et al.*, 2014).

7 Composição Corporal: distribuição da massa corporal entre compartimentos de tecido isento de gordura ou massa corporal magra, água extracelular e tecido adiposo (WITHROW; VAIL, 2007).

8 Substância Branca: é composta de fibras nervosas axonais cobertas por uma bainha de mielina, dando-lhe sua cor branca distinta. A substância branca conecta várias áreas de substância cinzenta do cérebro umas às outras e transporta impulsos nervosos entre os neurônios (DESCOTEAUX; POUPON, 2014).

genéticos, uma vez que existem efeitos genéticos comuns que afetam a composição corporal e a integridade da substância branca (BEST *et al.*, 2020).

Paralelamente, crianças com maiores níveis de aptidão aeróbica, além de apresentarem melhor desempenho em testes de memória, apresentam aumento do volume do hipocampo (Figura 2) (KHAN; HILLMAN, 2014), uma região importante para a formação das memórias que contribui com sua organização de forma coerente (VOSS *et al.*, 2017). Além disso, existe um efeito mediador do hipocampo, onde possuir melhor aptidão física, através do impacto positivo que isso causa no volume do hipocampo, produz melhoria na memória (CHADDOCK *et al.*, 2010).

De forma semelhante, existe uma relação entre o controle inibitório[9] e a aptidão aeróbica que está relacionada à diferenças no volume de regiões específicas dos núcleos da base[10] que estão associadas ao controle cognitivo, integração motora e resolução de respostas (CHADDOCK-HEYMAN *et al.*, 2014). Mais recentemente, foi proposto que relações entre aptidão aeróbica e memória de trabalho tem como base as alterações que a aptidão aeróbica causa nas propriedades da substância branca do cérebro (ILONA *et al.*, 2020).

Agora que sabemos os benefícios de possuir uma boa aptidão física para a estrutura e funcionalidade do nosso cérebro, seguiremos para o próximo tópico, onde iremos explicar como esses benefícios podem influenciar o desempenho escolar.

---

9 Controle Inibitório: capacidade de controlar nosso comportamento, emoções e cognições a fim de nos adaptarmos ao nosso ambiente (MUSEK, 2017).

10 Núcleos da Base: grupo de núcleos subcorticais que estão envolvidos em muitas vias neuronais, tendo também funções emocionais, motivacionais, associativas e cognitivas (HERRERO; BARCIA; NAVARRO, 2002).

Figura 2 – Comparação do volume do hipocampo (em verde na figura) de crianças com alto e baixo nível de aptidão física.

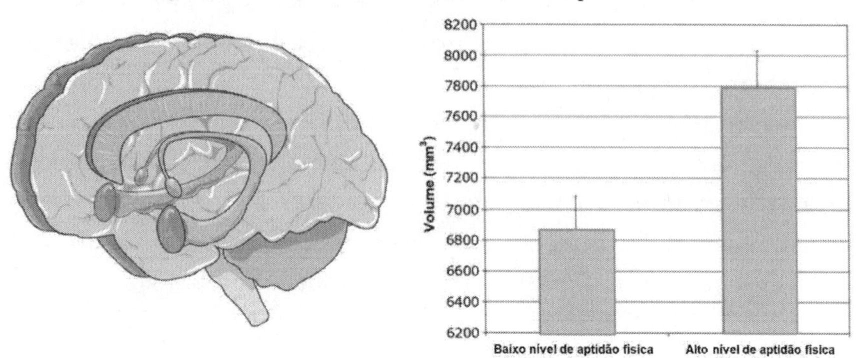

Fonte: Os dados do gráfico são baseados nos resultados do trabalho de Chaddock e colaboradores (2010). Esta figura foi criada usando imagens da Servier Medical Art, licenciado sob uma licença Creative Commons Attribution 3.0 Unported (http://smart.servier.com).

Como a aptidão física impacta o desempenho escolar?

Em virtude da crescente exigência sobre a preparação das crianças para testes padronizados, o tempo dedicado à atividade física[11] está sendo progressivamente reduzido no ambiente escolar (TOMPOROWSKI *et al.*, 2008). No entanto, essa abordagem se contrapõe ao atual corpo de evidências científicas que demonstra uma relação sólida entre desempenho escolar e aptidão física (ÁLVAREZ-BUENO *et al.*, 2020).

O desempenho escolar é afetado por diversos domínios da aptidão física. Quando olhamos para a composição corporal, constatamos que crianças obesas, quando comparadas com crianças com o peso normal, apresentam pior desempenho escolar, consideramos as médias de todas as matérias ao final de um ano letivo (TORRIJOS-NIÑO *et al.*, 2014). Além disso, o nível de aptidão aeróbica, assim como os níveis de agilidade e velocidade são capazes de predizer o desempenho escolar, de forma que crianças que estão mais aptas fisicamente possuem mais chances de ter melhores resultados acadêmicos (TORRIJOS-NIÑO *et al.*, 2014).

11 Atividade Física: qualquer movimento corporal produzido pelos músculos esqueléticos que resulta em gasto energético (CASPERSEN; POWELL; CHRISTENSON, 1985).

Algumas evidências suportam a ideia de que aptidão aeróbica é um mediador fisiológico que explica os benefícios da atividade física para o desempenho acadêmico e saúde mental[12] de crianças e adolescentes (SYVÄOJA *et al.*, 2018). Algumas hipóteses têm sido discutidas para explicar essa associação entre aptidão física e desempenho escolar. A aptidão física dos alunos está associada a uma melhor saúde geral, saúde mental e autoestima dos alunos, além de melhorar a atenção e o comportamento dos alunos na sala de aula, esses fatores podem contribuir positivamente para o desempenho acadêmico (TORRIJOS-NIÑO *et al.*, 2014).

A aptidão aeróbica parece ser mais determinante para o bom desempenho acadêmico entre os meninos, enquanto que, entre as meninas, a atividade física pode ter uma associação positiva com o desempenho acadêmico independente da aptidão aeróbica (AADLAND *et al.*, 2017; SYVÄOJA *et al.*, 2018). Por outro lado, entre as meninas, o desempenho acadêmico está associado com a qualidade de habilidades motoras (AADLAND *et al.*, 2017). A diferença entre os sexos pode ser explicada, em parte, pelo maior aumento da massa muscular nos meninos durante a puberdade e porque as meninas têm uma média de desempenho melhor do que os meninos na escola (ÁLVAREZ-BUENO *et al.*, 2020).

Aptidão física, Cérebro e Aprendizado Matemático

Mesmo que a aptidão física tenha um efeito global sobre o desempenho escolar, existem associações específicas entre subdomínios da aptidão física e diversas disciplinas escolares (DONNELLY *et al.*, 2016). Nesse tópico, iremos aprofundar nosso entendimento sobre como o desempenho matemático está associado com a aptidão física, assim como os possíveis mecanismos que explicam essa associação.

---

12 Saúde Mental: um estado de bem-estar no qual o indivíduo realiza suas próprias habilidades, pode lidar com o estresse normal da vida, pode trabalhar de forma produtiva e frutífera e é capaz de contribuir para sua comunidade (HERRMAN *et al.*, 2017).

Figura 3 – Porcentagem de alunos com alto desempenho em matemática de acordo com sua classificação em um teste de aptidão física.

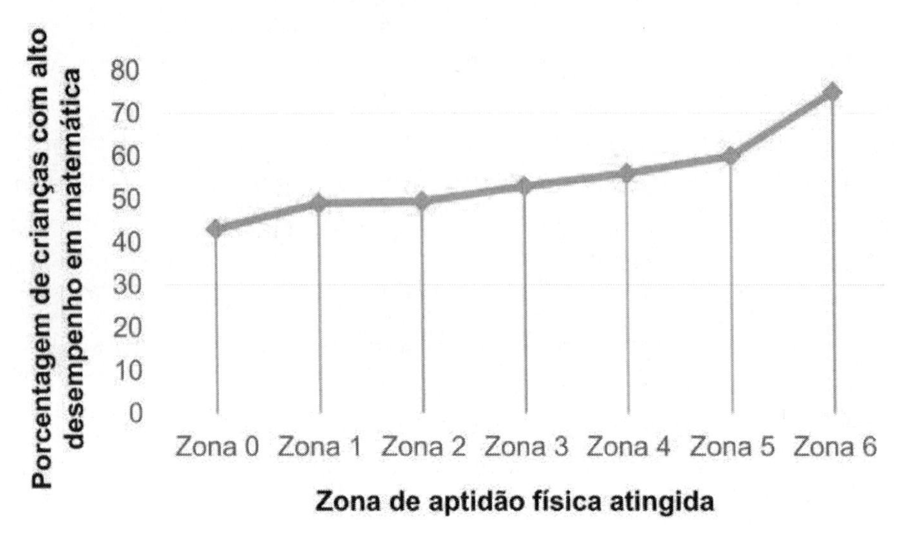

Fonte: Os dados do gráfico são baseados nos resultados do trabalho de Blom e colaboradores (2011).

A aptidão física pode predizer o desempenho em matemática, onde crianças classificadas com melhor aptidão física geral foram aproximadamente três a quatro vezes mais propensas a ter altos níveis de desempenho matemático (Figura 3) (BLOM *et al.*, 2011). Outro estudo demonstrou que a cada vez que a criança aumenta um nível durante um teste de aptidão física, a chance dessa criança atingir notas satisfatórias em matemática aumenta 38% (CHOMITZ *et al.*, 2009).

O desempenho matemático está associado a alguns subdomínios da aptidão física, entre eles, a aptidão aeróbica é o mais estudado. Existe uma associação positiva entre a pontuação em testes de matemática e a aptidão aeróbica de crianças (DE GREEFF *et al.*, 2014; EDWARDS; MAUCH; WINKELMAN, 2011; EVELAND-SAYERS *et al.*, 2009). Quando dividimos as crianças através de um teste de aptidão aeróbica, crianças com maiores capacidades aeróbicas tiveram maiores chances de pontuar acima da média em exames de matemática (DESAI *et al.*, 2015), enquanto aquelas que apresentaram desempenho aeróbico inferior ao esperado obtiveram notas mais baixas em testes padronizados de matemática (ROBERTS; FREED; MCCARTHY, 2010).

Além da aptidão aeróbica, crianças que se saíram melhores em testes de força e de flexibilidade também apresentaram melhores desempenhos em matemática (WITTBERG; NORTHRUP; COTTREL, 2009). No entanto, a magnitude com que esses subdomínios da aptidão física se relacionam com o desempenho em matemática é diferente, sendo a aptidão cardiorrespiratória a de maior impacto, seguida pelos indicadores de força e flexibilidade, sugerindo uma importância particular da capacidade cardiorrespiratória sobre o desempenho acadêmico e um papel secundário para a força e flexibilidade (VAN DUSEN *et al.*, 2011).

Os mecanismos pelo qual a aptidão física e o desempenho matemático estão relacionados ainda precisam ser mais estudados, no entanto, um estudo recente demonstrou que um fator importante para essa relação é a memória de trabalho (SYVÄOJA *et al.*, 2018), que basicamente é a nossa capacidade de manter e manipular informações durante alguns minutos em nossa mente (BADDELEY, 1992). Esse estudo demonstrou que a memória de trabalho medeia a associação entre a aptidão física e o desempenho matemático (SYVÄOJA *et al.*, 2021), isso significa que a aptidão física, através do impacto positivo que causa na memória de trabalho, afeta positivamente o desempenho matemático (Figura 4).

Figura 4 – Ilustração do modelo teórico de mediação.

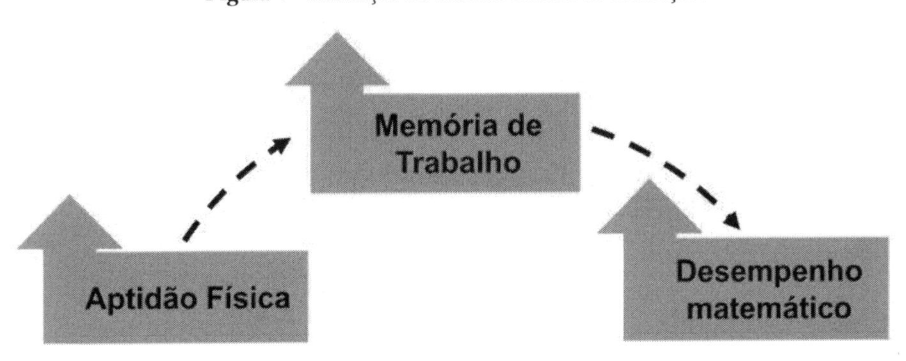

Fonte: Syväoja e colaboradores (2021).

CONSIDERAÇÕES FINAIS

A ampla relação da aptidão física com as estruturas e funções cerebrais, assim como sua associação bem estabelecida com o desempenho escolar expõe a importância de criar oportunidades para que as pessoas possam experimentar uma vida fisicamente mais ativa para que obtenham maior sucesso acadêmico.

Nesse sentido, para melhorar a aptidão cardiorrespiratória e muscular, é recomendado que crianças e adolescentes entre 5 e 17 anos acumulem todos os dias pelo menos 60 minutos de atividade física em intensidade moderada a vigorosa, por meio de brincadeiras, jogos, esportes, transporte, recreação e educação física, no contexto de atividades familiares, escolares e comunitárias (WORLD HEALTH ORGANIZATION, 2020).

Já para os adultos e para os idosos, é recomendado que pratiquem pelo menos 150 a 300 minutos de atividade física aeróbica de intensidade moderada, ou pelo menos 75 a 150 minutos de atividade física aeróbica de intensidade vigorosa durante a semana para que tenham benefícios substanciais na aptidão física e saúde. No entanto, para obter benefícios adicionais a saúde, essa população pode aumentar a atividade física aeróbica em intensidade moderada para mais de 300 minutos, ou fazer mais de 150 minutos de atividade física aeróbica em intensidade vigorosa ao longo da semana (WORLD HEALTH ORGANIZATION, 2020).

REFERÊNCIAS BIBLIOGRÁFICAS

AADLAND, K. N. *et al.* Relationships between physical activity, sedentary time, aerobic fitness, motor skills and executive function and academic performance in children. **Mental Health and Physical Activity**, v. 12, p. 10–18, 1 mar. 2017.

ÁLVAREZ-BUENO, C. *et al.* Aerobic fitness and academic achievement: A systematic review and meta-analysis. **Journal of Sports Sciences**, v. 38, n. 5, p. 582–589, 3 mar. 2020.

AMERICAN COLLEGE OF SPORTS MEDICINE. **ACSM's Fitness Assessment Manual**. [s.l.] Lippincott Williams & Wilkins, 2021.

BADDELEY, A. Working memory. **Science (New York, N.Y.)**, v. 255, n. 5044, p. 556–559, 31 jan. 1992.

BEST, J. R. *et al.* Associations Between Physical Fitness and Brain Structure in Young Adulthood. **Frontiers in Psychology**, v. 11, p. 608049, 2020.

BLOM, L. C. *et al.* Associations between Health-Related Physical Fitness, Academic Achievement and Selected Academic Behaviors of Elementary and Middle School Students in the State of Mississippi. **ICHPER-SD Journal of Research**, v. 6, n. 1, p. 13-19, 2011.

CASPERSEN, C. J.; POWELL, K. E.; CHRISTENSON, G. M. Physical activity, exercise, and physical fitness: definitions and distinctions for health-related research. **Public Health Reports**, v. 100, n. 2, p. 126-131, 1985.

CHADDOCK, L. *et al.* A neuroimaging investigation of the association between aerobic fitness, hippocampal volume, and memory performance in preadolescent children. **Brain research**, v. 1358, p. 172-183, 28 out. 2010.

CHADDOCK-HEYMAN, L. *et al.* III. The importance of physical activity and aerobic fitness for cognitive control and memory in children. **Monographs of the Society for Research in Child Development**, v. 79, n. 4, p. 25-50, dez. 2014.

CHOMITZ, V. R. *et al.* Is there a relationship between physical fitness and academic achievement? Positive results from public school children in the northeastern United States. **The Journal of School Health**, v. 79, n. 1, p. 30–37, jan. 2009.

CLARKE, H. H. Physical fitness benefits: A summary of research. **Education**, v. 78, p. 460-466, 1958.

COLCOMBE, S.; KRAMER, A. F. Fitness effects on the cognitive function of older adults: a meta-analytic study. **Psychological Science**, v. 14, n. 2, p. 125-130, mar. 2003.

DE GREEFF, J. W. *et al.* Physical fitness and academic performance in primary school children with and without a social disadvantage. **Health Education Research**, v. 29, n. 5, p. 853-860, out. 2014.

DESAI, I. K. *et al.* Aerobic Fitness, Micronutrient Status, and Academic Achievement in Indian School-Aged Children. **PLoS ONE**, v. 10, n. 3, p. e0122487, 25 mar. 2015.

DONNELLY, J. E. *et al.* Physical Activity, Fitness, Cognitive Function, and Academic Achievement in Children: A Systematic Review. **Medicine and science in sports and exercise**, v. 48, n. 6, p. 1197, jun. 2016.

EDWARDS, J. U.; MAUCH, L.; WINKELMAN, M. R. Relationship of nutrition and physical activity behaviors and fitness measures to academic performance for sixth graders in a midwest city school district. **The Journal of School Health**, v. 81, n. 2, p. 65-73, fev. 2011.

EVELAND-SAYERS, B. M. *et al.* Physical fitness and academic achievement in elementary school children. **Journal of Physical Activity & Health**, v. 6, n. 1, p. 99-104, jan. 2009.

HOGAN, M. J. *et al.* The effects of cardiorespiratory fitness and acute aerobic exercise on executive functioning and EEG entropy in adolescents. **Frontiers in Human Neuroscience**, v. 9, p. 538, 19 out. 2015.

ILONA, R. *et al.* Physical activity, aerobic fitness, and brain white matter: Their role for executive functions in adolescence. **Developmental cognitive neuroscience**, v. 42, abr. 2020.

KHAN, N. A.; HILLMAN, C. H. The relation of childhood physical activity and aerobic fitness to brain function and cognition: a review. **Pediatric Exercise Science**, v. 26, n. 2, p. 138-146, maio 2014.

NIEDERER, I. *et al.* Relationship of aerobic fitness and motor skills with memory and attention in preschoolers (Ballabeina): A cross-sectional and longitudinal study. **BMC Pediatrics**, v. 11, p. 34, 11 maio 2011.

PRESIDENT'S COUNCIL ON PHYSICAL FITNESS AND SPORT. Basic Understand Physical Fitness. **Research Digest**, v. 1, n. 1, 1971.

ROBERTS, C. K.; FREED, B.; MCCARTHY, W. J. Low Aerobic Fitness and Obesity Are Associated With Lower Standardized Test Scores in Children. **The Journal of pediatrics**, v. 156, n. 5, p. 711- 718.e1, maio 2010.

SYVÄOJA, H. J. *et al.* The Relation of Physical Activity, Sedentary Behaviors, and Academic Achievement Is Mediated by Fitness and Bedtime. **Journal of Physical Activity & Health**, v. 15, n. 2, p. 135-143, 1 fev. 2018.

SYVÄOJA, H. J. *et al.* How physical activity, fitness, and motor skills contribute to math performance: Working memory as a mediating factor. **Scandinavian Journal of Medicine & Science in Sports**, v. 31, n. 12, p. 2310-2321, dez. 2021.

TOMKINSON, G. R.; OLDS, T. S. Secular changes in pediatric aerobic fitness test performance: the global picture. **Medicine and Sport Science**, v. 50, p. 46-66, 2007.

TOMPOROWSKI, P. D. *et al.* Exercise and Children's Intelligence, Cognition, and Academic Achievement. **Educational psychology review**, v. 20, n. 2, p. 111-131, 1 jun. 2008.

TORRIJOS-NIÑO, C. *et al.* Physical Fitness, Obesity, and Academic Achievement in Schoolchildren. **The Journal of Pediatrics**, v. 165, n. 1, p. 104-109, 1 jul. 2014.

VAN DUSEN, D. P. *et al.* Associations of physical fitness and academic performance among schoolchildren. **The Journal of School Health**, v. 81, n. 12, p. 733-740, dez. 2011.

VOSS, J. L. *et al.* A closer look at the hippocampus and memory. **Trends in cognitive sciences**, v. 21, n. 8, p. 577-588, ago. 2017.

VOSS, M. W. *et al.* Fitness, but not physical activity, is related to functional integrity of brain networks associated with aging. **NeuroImage**, v. 131, p. 113-125, 1 maio 2016.

WITTBERG, R. A.; NORTHRUP, K. L.; COTTREL, L. Children's Physical Fitness and Academic Performance. **American Journal of Health Education**, v. 40, n. 1, p. 30-36, 2009.

ATIVIDADE FÍSICA E APRENDIZAGEM MATEMÁTICA: menos comportamento sedentário, mais aulas fisicamente ativas!

Mizael Carvalho de Souza
https://orcid.org/0000-0002-1805-3317

Victor Oliveira da Costa
https://orcid.org/0000-0002-4587-580X

João Bento-Torres
https://orcid.org/0000-0002-9155-9445

Resumo

A partir das evidências em neurociências, tem-se observado um alarmante aumento da inatividade física, sendo considerado um problema de saúde pública em todo o mundo. Por outro lado, já é consenso que níveis mais altos de atividade física moderada a vigorosa e níveis mais baixos de tempo sedentário estão relacionados a melhores parâmetros estruturais e funcionais do sistema nervoso, melhor conexão pessoal e adaptação escolar que podem potencializar o aprendizado. Dessa forma, cresce o interesse clínico, científico e educacional nos benefícios da atividade física para diversas populações, bem como na promoção de um estilo de vida fisicamente mais ativo, sendo urgente que essas evidências alcancem professores e comunidade acadêmica, com vista a identificar abordagens que sejam eficazes para aumentar e manter os níveis de atividade física de crianças e adolescentes em locais onde passam longos períodos, como as escolas. Para contribuir com essa discussão, o presente capítulo visa apresentar conceitos, definições e conclusões a partir de pesquisas delineadas sobre o escopo da atividade física, comportamento sedentário e suas relações com o desempenho em matemática, particularmente com alunos em idade escolar, considerando o papel crítico dessa relação na aprendizagem e promoção do estilo de vida fisicamente ativo. Diante do levantamento,

recomendações e implicações importantes corroboram para a rotina das escolas, para a prática do professor, para o processo de ensino-aprendizagem e, de maneira mais contundente, para a Educação Matemática.
Palavras-chave: Atividade Física; Neurociências; Aprendizagem Matemática.

Introdução

Nos últimos anos, tem-se observado no cenário mundial um drástico aumento do sedentarismo, sendo considerado um problema de saúde pública (BAKER; CASTELLI, 2020; WHO, 2020). Por outro lado, é conhecido que níveis mais altos de atividade física moderada[13] a vigorosa[14] e níveis mais baixos de tempo sedentário, na infância, estão relacionados a melhores parâmetros estruturais e funcionais do sistema nervoso, funções cognitivas[15] eficientes, maior autoestima, melhor conexão pessoal e adaptação escolar que podem potencializar o aprendizado (HAAPALA *et al.*, 2017). Nesse sentido, o ambiente escolar mostra-se ideal para intervenções de atividade física, pois nenhuma outra instituição tem tanta influência sobre as crianças e adolescentes durante as primeiras duas décadas de vida (STORY; NANNEY; SCHWARTZ, 2009).

De maneira geral, crianças e adolescentes tem apresentado estilo de vida cada vez mais sedentário, que envolvem tempo gasto em computadores e assistindo televisão (BIDZAN-BLUMA; LIPOWSKA, 2018), o que os leva a negligenciar a atividade física típica desse período de desenvolvimento (GRAF, 2016). Os efeitos adversos têm sido consistentemente reconhecidos por afetar grupos etários distintos, mas, proeminentemente, um crescente corpo de pesquisa tem sido realizado para avaliar seus efeitos específicos no público que contempla escolares entre 6 e 18 anos, reforçando a necessidade de estratégias urgentes e eficazes para aumentar os níveis de atividade física e reduzir o comportamento sedentário.

---

13 Refere-se à atividade física realizada entre 3 e 6 vezes à intensidade do repouso. Em uma escala relativa à capacidade pessoal de um indivíduo, geralmente é 5 ou 6, na escala de 0 a 10 (WHO, 2020).

14 Refere-se à atividade física realizada em 6,0 ou mais METS. Em uma escala relativa à capacidade pessoal de um indivíduo, geralmente é 7 ou 8, na escala de 0 a 10 (WHO, 2020).

15 Atividades cerebrais, ou seja, raciocínio, memória, atenção e linguagem que levam à obtenção de informação e conhecimento. Isso também pode incluir aprendizado (WHO, 2020).

Esses indicativos apontam para o fato de que ser fisicamente ativo beneficia a saúde cerebral[16] e é especialmente benéfico para a função cognitiva e para o desempenho acadêmico (DONNELLY *et al.*, 2016). Evidências apontam para associações positivas de atividade física e condicionamento físico com o desempenho matemático, de forma particular (SINGH *et al.*, 2019; WATSON *et al.*, 2021), além de já ter sido demonstrado, por exemplo, que escolares fisicamente ativos apresentam maior facilidade no processo de aprendizagem, razão pela qual se sugere que a prática de atividade física possa ser importante, não apenas para o crescimento e desenvolvimento físico, mas também o intelectual (HILLMAN; ERICKSON; KRAMER, 2008).

Dessa forma, cresce o interesse clínico, científico e educacional nos benefícios da atividade física para diversas populações, bem como na promoção de uma vida fisicamente mais ativa, sendo urgente que essas evidências alcancem professores e comunidade acadêmica, com vista a identificar abordagens que sejam eficazes para aumentar e manter os níveis de atividade física de crianças e adolescentes em locais onde passam longos períodos, como as escolas (BARBOSA *et al.*, 2020). Portanto, o presente capítulo visa apresentar conceitos, definições e conclusões com pesquisas que envolvem atividade física, comportamento sedentário e suas relações com o desempenho em matemática, particularmente com alunos em idade escolar, considerando o papel crítico dessa relação na aprendizagem e promoção do estilo de vida fisicamente ativo.

Atividade Física e Comportamento Sedentário: Recomendações

A atividade física refere-se a qualquer movimento corporal produzido pelos músculos esqueléticos que requer gasto energético acima dos níveis de repouso, promovendo interações sociais e com o ambiente (DONNELLY *et al.*, 2016; BRASIL, 2022), sendo uma forma eficaz de melhorar a saúde física, mental e um fator crucial no desenvolvimento humano (HAAPALA *et al.*, 2017), podendo acontecer:

---

16 É um conceito amplo e está relacionado com o desenvolvimento neural, a manutenção da função mental e cognitiva, bem como a capacidade de adaptação e recuperação do sistema nervoso no decorrer da vida. Qualquer problema com um desses fatores pode trazer prejuízo ao bem-estar físico, social e mental.

- **Tempo livre:** realizada nos momentos de lazer ou tempo disponível. Como exemplos: caminhar, dançar, participar de brincadeiras e jogos, entre outras.
- **Deslocamento:** deslocamento ativo para ir de um lugar a outro (como caminhar, manejar a cadeira de rodas, patinar, andar a cavalo, entre outras).
- **Trabalho ou estudo:** para desempenhar suas funções laborais ou estudo (por exemplo: plantar, capinar, lavar, ordenhar, participar das aulas de Educação Física, brincar no recreio ou intervalo entre as aulas e também antes ou depois das aulas, entre outras).
- **Tarefas domésticas:** realizada para o cuidado do lar e da família (ajudar a cuidar das plantas; passear com animal de estimação, ajudar na organização da casa, entre outras) (BRASIL, 2021, p. 7).

O comportamento sedentário, por outro lado, é o tempo que se passa utilizando pouca energia (gasto energético próximo aos valores de repouso/basal), geralmente na posição sentada ou deitada; comumente atividades realizadas em frente a telas de computador, televisão, celulares e tablets (BRASIL, 2022). E há algumas evidências de que níveis mais altos de atividade física e níveis mais baixos de comportamento sedentário estão associados a melhor saúde estrutural e funcional do sistema nervoso central de crianças (VOSS *et al.*, 2014; DONNELLY; HILLMAN; CASTELLI, 2016). Além disso, baixos níveis de atividade física e altos níveis de comportamento sedentário, particularmente assistir TV, têm sido associados a um pior desempenho acadêmico (TREMBLAY; LEBLANC; KHO, 2011; SYVÄOJA; KANTOMAA; AHONEN, 2013).

Porém, é preocupante o cenário em que muitas crianças e adolescentes não atendem às diretrizes e recomendações de atividade física diária e que um número crescente de crianças em idade escolar passe grande proporção do dia em comportamento sedentário, tanto na escola quanto durante o tempo livre (WATSON *et al.*, 2017; BRASIL, 2022; TREMBLAY *et al.*, 2016) (ver Quadro 1). As aulas de educação física escolar, ademais, tendem a constituir as únicas ocasiões que oferecem atividade física organizada durante o dia, e argumenta-se que seu papel não está sendo suficientemente promovido na maioria dos países (HOWIE; BEETS; PATE, 2014; RILEY *et al*, 2016). Por exemplo, uma pesquisa realizada pela Organização Mundial da Saúde, com

72.845 crianças em idade escolar de 34 países, mostrou que a maioria dos participantes não fazia atividade física suficiente, enquanto quase um terço delas apresentavam altos níveis de comportamento sedentário (GUTHOLD *et al.*, 2010).

Quadro 1 – Recomendação de quantidade de atividade física para crianças, jovens e adultos.

Crianças de até 1 ano	- 30 minutos por dia de barriga para baixo (posição de bruços)
Crianças de 1 a 2 anos	- 3 horas por dia de atividade física de qualquer intensidade
Crianças de 3 a 5 anos	- 3 horas por dia de atividade física de qualquer intensidade, sendo, no mínimo, 1 hora de intensidade moderada a vigorosa
Crianças e Jovens de 5 a 17 anos	- 60 minutos ou mais de atividade física por dia, de preferência aquelas de intensidade moderada. Como parte desse tempo, dever ser incluídos, em pelo menos 3 dias da semana, atividade de fortalecimento dos músculos e ossos.
Adultos	- Se forem realizadas atividades físicas moderadas, deve-se praticar, no mínimo, 150 minutos de atividade física por semana. - Se forem realizadas atividades físicas vigorosas, deve-se praticar, no mínimo, 75 minutos de atividade física por semana. - Como parte dessas atividades físicas semanais, e pelo menos 2 dias da semana, incluir atividades de fortalecimento dos músculos e ossos, como saltar, puxar, empurrar ou praticar esportes.

Fonte: BRASIL (2021).

Dentre as recomendações do guia de atividade física (BRASIL, 2021; 2022), orienta-se a prática de jogos, brincadeiras, esportes, deslocamentos ativos (bicicleta, skate, patins), recreação e educação física escolar. O guia supracitado sugere, ainda, que a intervenção na escola pode ser um meio ideal de aumentar a atividade física, uma vez que os alunos passam boa parte do dia nesse ambiente, mas com grande parte desse tempo gasto em atividades sedentárias (HNATIUK *et al.*, 2014).

Por fim, um estudo realizado com participantes brasileiros, estimou-se, para 2019, que 4.264,968 de alunos de 13 a 17 anos assistiram mais de duas horas de televisão nos sete dias anteriores à pesquisa, ou 36% do universo em estudo. Já os que informaram a permanência sentados por mais de três horas diárias, realizando atividades diversas no mesmo período, totalizou mais da metade dessa população ou 6.294,048 estudantes (IBGE, 2019). A partir disso e na tentativa de combater o comportamento sedentário, recomenda-se (ver Quadro 2):

Quadro 2 – Recomendação para o combate ao comportamento sedentário.

Crianças de até 1 ano	- não devem passar nenhum tempo em atividades sedentárias em frente às telas (longos períodos sentados com a utilização de celulares, tablets, televisão, computadores ou videogames).
Crianças de 1 a 5 anos	- o tempo dedicado a essas atividades sedentárias deve ser de, no máximo, 1 hora por dia.
Crianças e Jovens de 5 a 17 anos	- o tempo dedicado a essas atividades sedentárias deve ser de, no máximo, 2 horas por dia. Lembramos, porém, que quanto menor o tempo de permanência das crianças em comportamento sedentário, melhor!
Adultos	- ressalta-se que' quanto menor o tempo de permanência em comportamento sedentário, melhor! Recomenda-se reduzir tempo sentado ou deitado assistindo à TV, usando o celular, tablet ou computador. Para as pessoas que passam muito tempo sentadas ao longo do dia, é necessário compensar esse comportamento incluindo mais tempo de atividade física no seu dia a dia, assim como, cada uma hora de comportamento sedentário, sejam feitas pausas de pelo menos 5 minutos para ficar em pé, caminhar para ir ao banheiro ou beber água, por exemplo.

Fonte: BRASIL (2021; 2022).

Diante disso, nos últimos anos, desenvolveu-se um campo de conhecimento multidisciplinar que identificou vários benefícios cognitivos e acadêmicos da atividade física regular (KARI *et al.*, 2017). A ideia de que a atividade física pode melhorar a capacidade cognitiva e acadêmica, consequentemente, recebeu atenção significativa nas áreas de saúde e educação (HOWIE; BEETS; PATE, 2014; TREMBLAY *et al.*, 2016; RILEY *et al.*, 2016), sendo reconhecido que desencadeia mudanças no sistema nervoso central[17] humano devido ao aumento do metabolismo, oxigenação e fluxo sanguíneo que promovem a saúde neurológica (WHO, 2020; AUBERT *et al.*, 2018), sendo particularmente importantes para o cérebro[18] em desenvolvimento (HOWIE; BEETS; PATE, 2014; AUBERT *et al.*, 2018).

Embora seja desafiador integrar a atividade física ao cotidiano das crianças e adolescentes, as escolas ainda oferecem o ambiente ideal para essa promoção,

17 É constituído pelo encéfalo e medula espinal, que estão protegidos pelo crânio e coluna vertebral, respectivamente. Atua como um centro integrador, processando todas as informações dos impulsos recebidos. É nessa região, portanto, que as decisões são tomadas e ordens são geradas e enviadas para o órgão efetor.

18 Centro do sistema nervoso central, onde as funções cognitivas se desenvolvem, decisões conscientes, aprendizagens relacionais ou as linguagens entre muitas outras (DE LA SERNA, 2020).

uma vez que favorecem a prática compartilhada, possibilita o engajamento e motivação dos envolvidos, além de fortalecer a relação entre profissionais, educação e saúde, ao considerar a pertinência da interdisciplinaridade[19] e ações propostas para a melhoria da aprendizagem educacional em diferentes faixas etárias e condições socioculturais. Assim, o próximo tópico trará um panorama de como a atividade física pode contribuir com a aprendizagem, particularmente, com a matemática.

Atividade Física e suas relações com o Desempenho em Matemática em Escolares

A escola é um cenário chave para a promoção de estilos de vida saudáveis na infância e juventude (LANGFORD *et al.*, 2016), no entanto, enfrentam desafios crescentes. O ambiente escolar pode promover um estilo de vida com altos níveis de comportamento sedentário, ao obrigar os escolares a ficarem sentados por longos períodos (por volta de 3,5 horas, correspondendo a aproximadamente 70% do tempo) durante as aulas e outras atividades de estudos (CLEMES *et al.*, 2015), em que as aulas de educação física, o recreio e outras práticas de atividade física são reduzidas e/ou eliminadas durante o dia escolar na tentativa de fornecer mais tempo para as disciplinas eletivas em um esforço para melhorar as pontuações dos testes baseados em padrões internacionais (RASBERRY *et al.*, 2011).

Evidências sugerem que programas esportivos sejam desenvolvidos ou pode ser dado continuidade fora da grade curricular sem a preocupação de que essas atividades tenham um impacto negativo no desempenho acadêmico dos alunos (CDC, 2010). Isso porque a eficácia das intervenções envolvendo a prática de atividade física, com objetivo de promover a cognição e o desempenho acadêmico de crianças e adolescentes, é reportada na literatura como fator crucial de saúde educacional, principalmente demonstrando a associação entre

19 Parte da palavra "interdisciplinar", que tem, como conceito, o que é comum a duas ou a mais disciplinas. Diz respeito ao processo de ligação entre as disciplinas. Sendo assim, interdisciplinaridade é uma proposta onde a forma de ensinar leva em consideração a construção do conhecimento pelo aluno. É uma prática que não dilui as disciplinas no contexto escolar, mas que amplia o trabalho disciplinar na medida em que promove a aproximação e a articulação das atividades docentes numa ação coordenada e orientada para objetivos bem definidos.

atividade física e sucesso acadêmico, desempenho matemático e linguagem (ESTEBAN-CORNEJO *et al.*, 2015; DONNELLY *et al.*, 2016).

Em particular, a discussão sobre a relação entre atividade física e desempenho escolar em matemática tem atraído bastante atenção no meio acadêmico (BARBOSA *et al.*, 2020). Vazou e Skrade (2017) testaram os efeitos da atividade física (combinada com matemática) em alunos da quarta e quinta série e observaram que o desempenho matemático foi maior no "grupo de atividade física integrada", quando comparado com o grupo controle, que participou de aulas tradicionais de matemática. Em outro estudo, Gapin e Etnier (2010) demonstraram que a prática habitual de atividade física está associada a melhor função executiva[20] em crianças com hiperatividade e déficit de atenção, além de ser um ansiolítico natural.

Esses apontamentos advêm de estudos que têm demonstrado efeito significativo e direto da atividade física no desempenho matemático, em que crianças exibiram melhor comportamento na tarefa e completaram mais problemas aritméticos após 10 e 20 minutos de intervalos ativos em sala de aula em relação a um intervalo sedentário de 10 minutos (HOWIE; BEETS; PATE, 2014). Nessa mesma linha, Dapp e Roebers (2019) chegaram a uma conclusão comparável de que a participação em atividades físicas estruturadas ou organizadas com frequência suficiente (pelo menos duas horas por semana) pode ser benéfica para o desempenho matemático de crianças em idade escolar já na quarta série.

Assim, a partir dos resultados sobre o quanto o nível de atividade física na infância influencia o desempenho acadêmico, foi possível investigar os ganhos cognitivos induzidos por sessões de atividade física na aprendizagem matemática. Trata-se de investigações que vêm aumentando, que corroboram, aprimoram e avançam os resultados dos estudos psicológicos, de saúde e educacionais conduzidos ao longo da última década. A literatura sugere ainda que o tempo extra para atividade física na escola provavelmente não prejudicará o desempenho acadêmico das crianças. Centeio e colaboradores (2018), por exemplo, investigaram um total de 378 alunos do Ensino Fundamental que participaram de um programa de transformação escolar saudável de oito meses, aumentando

20 Inclui construtos como: memória de trabalho, flexibilidade cognitiva (também chamada de pensamento flexível) e controle inibitório (que inclui o autocontrole) (WHO, 2020).

a atividade física ao longo do dia, obtendo resultados significativos nas taxas de melhoria em matemática.

Esses estudos levaram à conclusão de que pausas com atividade física servem, particularmente, para atingir a meta de 60 minutos diários de realização física recomendada para crianças e adolescentes, segundo a Organização Mundial da Saúde (BRASIL, 2021). Embora muitas questões ainda envolvam a quantidade, duração e tipo de atividade física que integrados induzem benefícios para as crianças em idade escolar (JANSSEN; LEBLANC, 2010; FEDEWA *et al.*, 2015), os estudos de Fedewa e colaboradores (2018) e Egger e colaboradores (2019) apontam que a atividade física aeróbica[21] de intensidade moderada a vigorosa parece indicar efeito aumentado nos testes de matemática, potencializando componentes executivos que predizem o desempenho acadêmico. Por conta disso, percebeu-se que crianças fisicamente ativas (grupos intervenção) apresentam controle atencional melhorado em comparação com seus pares menos ativos (grupos controle), afetando de modo particular tarefas que requerem recursos atencionais aprimorados, como aprender matemática, por exemplo.

Considerações finais e implicações para o ensino e aprendizagem

A associação das evidências exploradas aqui, ainda que incipiente, corrobora com implicações importantes para a rotina das escolas, para a prática do professor, para o processo de ensino-aprendizagem e, de maneira mais contundente, para a Educação Matemática. Como apontado por Centeio e colaboradores (2018), tomada coletivamente, a identificação global do impacto positivo da atividade física no desempenho acadêmico vem sugerir que as crianças precisam mudar suas rotinas diárias, visando melhorar a saúde física e cognitiva. Para isso, as escolas podem oferecer condições favoráveis, uma vez que ambientes educacionais que apresentaram níveis mais altos de fidelidade em intervenções de atividade física tiveram taxas mais altas de melhorias em leitura e aquelas com níveis mais altos de atividade física tiveram taxas mais altas de melhoria em matemática (CENTEIO *et al.*, 2018).

21 Atividade na qual os grandes músculos do corpo se movem de maneira rítmica por um período. A atividade aeróbica – também chamada de atividade de resistência – melhora a aptidão cardiorrespiratória. Exemplos incluem caminhar, correr, nadar e andar de bicicleta (WHO, 2020).

Ao considerar a crescente exigência para melhorar o desempenho em matemática dos estudantes (PISA, Prova Brasil, SAEB, OBMEP) e ponderando que as escolas acham dificultoso designar tempo para a programação de saúde no lugar reservado às principais disciplinas e seus conteúdos específicos, torna-se imperativo essa reflexão para alcançar níveis satisfatórios de proficiência nessa área. Os achados dos estudos apontam uma direção, apoiando o argumento de que aulas fisicamente ativas são interessantes, pois elas: (a) não influenciam negativamente o desempenho das crianças e, em vez disso, (b) podem melhorar o aprendizado (FEDEWA *et al.*, 2015). Aliás, uma revisão de 50 estudos examinando a eficácia da atividade física escolar no desempenho acadêmico geral mostrou que aproximadamente metade dessas investigações produziu resultados positivos, sendo que a outra metade não apresentou efeitos, mas nenhum evidenciou implicações negativas (FEDEWA *et al.*, 2015).

Por fim, recomenda-se que as atividades físicas realizadas no ambiente escolar valorizem as regionalidades e ultrapassem os padrões sociais estabelecidos, de forma que os alunos experimentem todos os tipos de atividade física, independentemente de sexo, idade e nível econômico (BRASIL, 2022). A meta deve ser reduzir o tempo sedentário, oferecendo oportunidades de atividade física durante e após o dia escolar, com estratégias que forneçam ações adequadas e recomendáveis: incentivar que as escolas adotem pausas ativas durante o período escolar; que hábitos saudáveis sejam incorporados durante o dia, como ciclismo e caminhada no trajeto de ida e volta para a escola podem ser úteis, prática de esportes; a inserção de uma comunidade educacional ativa.

REFERÊNCIAS BIBLIOGRÁFICAS

AUBERT, S.; BARNES, J. D.; ABDETA, C. *et al.* Global Matrix 3.0 Physical Activity Report Card Grades for Children and Youth: Results and Analysis From 49 Countries. **J Phys Act Health**. 2018 Nov 1;15(S2): S251-S273. Doi: 10.1123/jpah.2018-0472.

BAKER, B.; CASTELLI, D. Physical activity and sedentary behavior influences on executive function in daily living. In Neuroergonomics; Chang, S.N., Ed.; **Springer**: Champaign, IL, USA, pp. 161–181, 2020.

BARBOSA, A.; WHITING, S.; SIMMONDS, P.; et al. Physical Activity and Academic Achievement: An Umbrella Review. **Int. J. Environ. Res. Public Health**, 17, 5972, 2020.

BIDZAN-BLUMA, I.; LIPOWSKA, M. Physical Activity and Cognitive Functioning of Children: A Systematic Review. **Int. J. Environ. Res. Public Health**, 15, 800, 2018.

BRASIL. Ministério da Saúde. Secretaria de Atenção Primária à Saúde. Departamento de Promoção da Saúde. **Guia de Atividade Física para a População Brasileira** [recurso eletrônico] / Ministério da Saúde, Secretaria de Atenção Primária à Saúde, Departamento de Promoção da Saúde. – Brasília: Ministério da Saúde, 54 p.: il, 2021.

BRASIL. Ministério da Saúde. **Caderno temático do Programa Saúde na Escola: promoção da atividade física** [recurso eletrônico] / Ministério da Saúde, Ministério da Educação. – Brasília: Ministério da Saúde, 27 p.: il, 2022.

CDC. Centers for Disease Control and Prevention. The association between school based physical activity, including physical education, and academic performance. **Atlanta**, GA: U.S. Department of Health and Human Services; 2010.

CENTEIO, E. E.; SOMERS, C. L.; MOORE, E. W. G.; *et al.* Relationship between academic achievement and healthy school transformations in urban elementary schools in the United States. **Phys Educ Sport Pedagogy**, v. 23, n. 4, p. 402–417, 2018.

CLEMES, S. A.; BARBER, S. E.; BINGHAM, D. D.; *et al.* Reducing children's classroom sitting time using sit-to-stand desks: Findings from pilot studies in UK and Australian primary schools. **J. Public Health**, 38, 526-533, 2015.

DAPP, L. C.; ROEBERS, C. M. The mediating role of self-concept between sports-related physical activity and mathematical achievement in fourth graders. **Int. J. Environ. Res. Public Health**, 16, 2658, 2019.

DE LA SERNA, J. M. **Introdução ao estudo do Cérebro**. In: De la Serna, J. M. Cérebro e Pandemia Uma Perspectiva Atual. Montefranco:Tektime, 9-37, 2020.

DONNELLY, J. E.; HILLMAN, C. H.; CASTELLI, D; *et al.* Physical activity, fitness, cognitive function, and academic achievement in children. **Med Sci Sport Exerc**; 48(6):1197-1222, 2016.

EGGER, F.; BENZING, V.; CONZELMANN, A.; *et al.* Boost your brain, while having a break! The effects of long-term cognitively engaging physical activity breaks on children's executive functions and academic achievement. **PLoS ONE**, v. 14, n. 3, p. 1-20, 2019.

ESTEBAN-CORNEJO, I.; MA TEJERO-GONZALEZ, C.; SALLIS, J. F.; *et al.* Physical activity and cognition in adolescents: a systematic review. **J. Sci. Med. Sport** 18, 534-539, 2015.

FEDEWA, A. L.; AHN, S.; ERWIN, H.; *et al.* A randomized controlled design investigating the effects of classroom-based physical activity on children's fluid intelligence and achievement. **Sch Psychol Int**, v. 36, n. 2, p. 135-153, 2015.

FEDEWA, A. L.; FETTROW, E.; ERWIN, H.; *et al.* Academic-Based and Aerobic-Only Movement Breaks: Are There Differential Effects on Physical Activity and Achievement? **Res Q for Exerc Sport**, v. 89, n. 2, p. 153-163, 2018.

GAPIN, J.; ETNIER, J. L. The Relationship Between Physical Activity and Executive Function Performance in Children With Attention-Deficit Hyperactivity Disorder. **J Sport Exercise Psy**. 32(6): 753-63, 2010.

GRAF, C. Aktiv in jedem Alter—Sport und Ernährung in den verschiedenen Lebensphasen: Kinder [Active at any age—Sports and nutrition in various stages of life: Children]. **Aktuel Ernahrungsmed**, 41, 32-34, 2016.

GUTHOLD, R.; COWAN, M. J.; AUTENRIETH, C. S.; et al. Physical activity and sedentary behavior among schoolchildren: a 34-country comparison. **J. Pediatr**. 157, 43–49, 2010.

HAAPALA, E. A. *et al.* Physical activity and sedentary time in relation to academica chievement in children. **J Sci Med Sport**. 583-589, 2017.

HILLMAN, C. H.; ERICKSON, K. I.; KRAMER, A. F. Be smart, exercise your heart: exercise effects on brain and cognition. **Nat Rev Neurosc**. 9(1):58-65, 2008.

HOWIE, E. K.; BEETS, M. W.; PATE, R. R. Acute classroom exercise breaks improve on-task behavior in 4th and 5th grade students: a dose-response. **Ment Health Phys Act.**; 7(2):65-71, 2014.

HNATIUK, J. A.; SALMON, J.; HINKLEY, T.; *et al.* A review of preschool children's physical activity and sedentary time using objective measures. **Am J Prev Med.**; 47(4):487-497, 2014.

IBGE, Instituto Brasileiro de Geografia e Estatística. **Pesquisa nacional de saúde do escolar: 2019**, Coordenação de População e Indicadores Sociais. – Rio de Janeiro: IBGE, 162 p.: il, 2021.

JANSSEN, I.; LE BLANC, A. G. Systematic review of the health benefits of physical activity and fitness in school-aged children and youth. **Int J Behav Nutr Phys Act.**;7(1):40, 2010.

KARI, J. T.; PEHKONEN, J.; HUTRI-KÄHÖNEN, N.; *et al.* Longitudinal Associations between Physical Activity and Educational Outcomes. **Med Sci Sports Exerc**. Nov;49(11):2158-2166, 2017.

LANGFORD, R.; BONELL, C.; KOMRO, K.; *et al.* The health promoting schools framework: known unknowns and an agenda for future research. **Health Educ Behav.**;44:463-75, 2016.

MIRANDA, B. A. **Exercise Your Way To A Better Brain**. 2019. Disponível em: https://www.injurymap.com/articles/exercise-your-way-to-a-better-brain. Acesso em: 09 dez. 2022.

RASBERRY, C. N.; LEE, S. M.; ROBIN, L.; *et al.* The association between school-based physical activity, including physical education, and academic performance: A systematic review of the literature. **Prev. Med.**, 52, 10-20, 2011.

RILEY, N.; LUBANS, D. R.; HOLMES, K.; *et al.* Findings from the EASY minds cluster randomized controlled trial: evaluation of a physical activity integration program for mathematics in primary schools. **Orig Res J Phys Act Heal.**, 13:198–206, 2016.

SINGH, A. S.; SALIASI, E.; VAN DEN BERG, V.; *et al.* Effects of physical activity interventions on cognitive and academic performance in chilres and adolescents: A novel combination of a systematic review and recommendations from an expert panel. **Br J Sports Med.**; 53:640-647, 2019.

STORY, M.; NANNEY, M. S.; SCHWARTZ, M. B. Schools and obesity prevention: creating school environments and policies to promote healthy eating and physical activity. **Milbank Q.**; Vol. 87, issue 1:71-100, 2009.

SYVÄOJA, H. J.; KANTOMAA, M. T.; AHONEN, T. Physical activity, sedentary behavior, and academic performance in Finnish children. **Med Sci Sports Exerc.**;45(11): 2098-2104, 2013.

TREMBLAY, M. S.; BARNES, J. D.; GONZÁLEZ, S. A.; *et al.* Introduction to the Global Matrix 2.0: report card grades on the physical activity of children and youth comparing 38 countries. **J Phys Act Health**; 13(11 Suppl 2): S85-S86, 2016.

VAZOU, S.; SKRADE, M. A. B. Intervention integrating physical activity with math: Math performance, perceived competence, and need satisfaction. **Int. J. Sport Exerc. Psychol.**, 15, 508-522, 2017.

VOSS, M. W.; CARR, L. J.; CLARK, R. Revenge of the sit II: does lifestyle impact neuronal and cognitive health through distinct mechanisms associated with sedentary behavior and physical activity? **Mental Health Phys Activity**. 2014;7(1):9-24.

WATSON, A.; TIMPERIO, A.; BROWN, H.; *et al.* Effect of classroom-based physical activity interventions on academic and physical activity outcomes: a systematic review and meta-analysis. **Int. J. Behav. Nutr. Physical Act**. 14, 1-24, 2017.

WATSON, A.; DUMUID, D.; MAHER, C.; *et al.* Associations between meeting 24-hour movement guidelines and academic achievement in Australian primary school-aged children. **J Sport Heal Sci.**; 00:1-9, 2021.

WHO, WORLD HEALTH ORGANIZATION. WHO guidelines on physical activity and sedentary behaviour. **Geneva**: WHO, 104 p, 2020.

BENEFÍCIOS DA PRÁTICA DO EXERCÍCIO FÍSICO NO DESEMPENHO MATEMÁTICO

Mauro Roberto de Souza Domingues
https://orcid.org/0000-0001-6516-3714

Renan Wallace Guimarães da Rocha
https://orcid.org/0000-0001-5557-5707

João Bento-Torres
https://orcid.org/0000-0002-9155-9445

Resumo

É incontestável que a prática do exercício físico melhora os diversos atributos da aptidão física como a força, a resistência muscular, a aptidão cardiorrespiratória e a composição corporal. Nas últimas duas décadas aumentaram consideravelmente as pesquisas que investigam os efeitos do exercício físico no cérebro. Essas pesquisas indicam que diversas mudanças ocorrem, por exemplo, a nível funcional e estrutural em determinadas áreas cerebrais como, por exemplo, o córtex pré-frontal e o hipocampo, que estão associadas com as respectivas habilidades cognitivas: o controle inibitório e a memória de trabalho. Essas duas habilidades cognitivas são preditoras da aprendizagem e desempenho escolar. Nessa perspectiva, apresentamos diversas evidências neste capítulo dos benefícios da prática do exercício físico, sejam eles agudos ou crônicos, que melhoram também o desempenho escolar matemático. Por fim, destacamos que o *HIIT*, sigla em inglês para o Treinamento Intervalado de Alta Intensidade, pode ser uma alternativa viável em sala de aula, a fim de melhorar tanto os aspectos da aptidão física, quanto as habilidades cognitivas e o desempenho matemático.

Palavras-chave: Exercício Físico, Desempenho matemático, Treinamento Intervalado de Alta Intensidade.

Introdução

Neste capítulo, apresentamos evidências para fundamentar a necessidade em estimular a prática de exercícios físicos no contexto escolar, a fim de melhorar o desempenho matemático (DONNELLY *et al.*, 2016; SNECK *et al.*, 2019). Para tal, é importante entender o que é exercício físico, seus efeitos a nível estrutural e funcional no cérebro, bem como os tipos de exercícios físicos relacionados diretamente à melhoria de algumas habilidades cognitivas preditoras do desempenho matemático.

Nesse contexto, entendemos que o corpo e o movimento humano são elementos importantes da manifestação cultural na área da Educação Física, nos seus diversos conteúdos da cultura corporal, os quais são também objetos de estudo e ensino dessa área, como: participação nas brincadeiras infantis, prática de futebol, natação, ginástica, dança, esportes de luta (DAOLIO, 2007; DARIDO; JÚNIOR, 2007). Esse corpo que se movimenta também dialoga com outras áreas do conhecimento, com o propósito de articular informações necessárias à formação do cidadão (DARIDO, 2004), como por exemplo, a educação matemática (SMOLE; DINIZ; CÂNDIDO, 2014).

Ademais, defendemos que a escola deve estimular e oportunizar a prática regular do exercício físico para despertar o prazer e o gosto por esse tipo de atividade física. Nesse momento, entendemos ser fundamental diferenciar a atividade física do exercício físico. De acordo com o guia de atividade física para a população brasileira publicado pelo Ministério da Saúde (2021), existem diversos tipos de atividade física, quais sejam: andar de bicicleta, subir escadas, carregar objetos, dançar, limpar a casa, passear com animais de estimação, cultivar a terra, limpar o quintal, praticar esportes, ginástica, yoga, dentre outros. Portanto, é um comportamento que está relacionado a qualquer movimento corporal voluntário da musculatura esquelética que vai resultar em um gasto de energia acima das condições de repouso, podendo promover interações sociais e com o ambiente (BRASIL, 2021; CASPERSEN; POWELL; CHRISTENSON, 1985).

Já o exercício físico é considerado um subgrupo da atividade física que dispõe das seguintes características: planejamento, estruturação e repetição com a finalidade de promover a manutenção ou a melhoria da aptidão física, da saúde ou do bem-estar (MCARDLE; KATCH; KATCH, 2016). Portanto, para fins didáticos e conceituais, é importante o leitor compreender que todo exercício físico é uma atividade física, mas nem toda atividade física é um exercício físico.

Quanto às características do exercício físico, o planejamento está relacionado ao tempo de realização do exercício físico, o perfil do grupo e faixa etária (se crianças, adultos, idosos, homem e mulher), e os objetivos a serem alcançados. A estruturação e a repetição referem-se aos tipos de exercícios (CASPERSEN; POWELL; CHRISTENSON, 1985; MCARDLE; KATCH; KATCH, 2016; POWERS; HOWLEY, 2014).

De acordo com a demanda de energia, os exercícios físicos dividem-se em aeróbicos e anaeróbicos (PLOWMAN; SMITH, 2009). Os exercícios aeróbicos utilizam o oxigênio como sua principal fonte de energia, na forma de adenosina trifosfato – ATP, para a realização do trabalho muscular de maneira contínua, com baixa intensidade, podendo ser de longa duração (KRAEMER; FLECK; DESCHENES, 2016; MCARDLE; KATCH; KATCH, 2016). Os exercícios anaeróbicos dividem-se em anaeróbico alático (utilizando a fosfocreatina CP) e anaeróbico lático (utilizando a glicose) como fonte de energia para a realização do trabalho muscular com alta intensidade e curta duração (URSO *et al.*, 2013; POWERS; HOWLEY, 2014).

Quando se fala em exercício físico, é importante destacar qual objetivo se quer alcançar com sua prática, e a partir dele, vem a prescrição que está relacionada à quantidade (dose) – efeito (resposta), em que se deve levar em consideração a intensidade, a frequência, a duração e o tipo de exercício (POWERS; HOWLEY, 2014).

A intensidade pode ser descrita pelo percentual do V02máx, pela percepção subjetiva de esforço, pelo limiar de lactato, percentual de carga a partir de um movimento em intensidade máxima ou faixa de repetições e percentual da Frequência Cardíaca Máxima (FCmáx): baixa intensidade (35%-59% da FCmáx), moderada (60%-79% da FCmáx) e alta intensidade (≥ 85% da FCmáx) (OFICIAL *et al.*, 1998; POWERS; HOWLEY, 2014). Ela é um fator muito importante para criar aderência, porém, a alta intensidade pode ser desconfortável, principalmente para os menos condicionados, no entanto, a baixa intensidade pode ser entediante para uma pessoa mais condicionada (EKKEKAKIS *et al.*, 2011).

A frequência do exercício físico está relacionada ao número de dias por semana e ao número de vezes por dia em que é realizado (PITANGA, 2019). A duração do exercício está relacionada à cada sessão, sendo expressa por: minutos de exercício, quilocalorias (kcal) totais consumidos ou kcal totais consumidas por quilograma de peso corporal (POWERS; HOWLEY, 2014).

Efeitos do exercício físico em áreas cerebrais e desempenho cognitivo

A literatura científica é robusta ao demonstrar que a prática de exercício físico influencia nosso sistema nervoso em nível molecular, celular, estrutural e funcional, modificando nosso comportamento e melhorando o desempenho cognitivo, acadêmico e matemático (TOMPOROWSKI, 2002; HILLMAN; CASTELLI; BUCK, 2005; CASTELLI *et al.*, 2007; HILLMAN *et al.*, 2009; STILLMAN *et al.*, 2020). De modo geral, podemos afirmar que o exercício físico de modo agudo ou crônico gera adaptações funcionais e estruturais no cérebro, as quais vão modificar a cognição do indivíduo, podendo influenciar direta ou indiretamente o desempenho acadêmico, incluindo as habilidades matemáticas.

Uma das regiões cerebrais mais influenciadas pelo exercício físico é o córtex pré-frontal (KRAEMER; FLECK; DESCHENES, 2016; DONNELLY *et al.*, 2016), que está relacionado à algumas habilidades cognitivas como o controle inibitório e a memória de trabalho (CHADDOCK *et al.*, 2012). O controle inibitório tem a função de inibir estímulos distratores externos e internos, os quais podem atrapalhar o aluno na aquisição da informação, nesse sentido, é muito provável que o prejuízo na inibição afete a memória de trabalho e o desempenho matemático discentes (PASSOLUNGHI; SIEGEL, 2001).

A memória de trabalho é composta por um conjunto de processos cognitivos elaborados, que combinam tanto o armazenamento como o processamento da informação, sendo essa habilidade muito útil em tarefas matemáticas de aritmética (ST CLAIR-THOMPSON; GATHERCOLE, 2006) e de solução de problemas (SWANSON; JERMAN; ZHENG, 2008). Assim sendo, essas duas habilidades cognitivas têm potencial preditivo para a aprendizagem escolar (ANDERSSON, 2008), com evidências indicando que elas são potencializadas pelo exercício físico, sugerindo associações positivas com a cognição e aumento do desempenho matemático (DONNELLY *et al.*, 2016; SNECK *et al.*, 2019).

Outra área do cérebro importante para o desempenho acadêmico é o hipocampo, região que tem como uma de suas funções a formação de novas memórias e está associada ao aprendizado (BETTIO *et al.*, 2020). Até onde sabemos, o hipocampo é a estrutura encefálica mais estudada sobre as influências do exercício físico no sistema nervoso central. Essas associações vão desde efeitos agudos como aumento da excitabilidade neural e do fluxo sanguíneo local, até respostas adaptativas crônicas com aumento de neurônios, células da glia e vasos sanguíneos, os quais parecem contribuir para o aumento do volume hipocampal (MA *et al.*, 2017; FIRTH *et al.*, 2018; STILLMAN *et al.*, 2020).

A prática do exercício físico regular pode promover melhoria em desfechos práticos como no desempenho escolar (DONNELLY *et al.*, 2016; DE GREEFF *et al.*, 2018; MÖLLER *et al.*, 2021; ERICKSON *et al.*, 2019; SEMBER *et al.*, 2020). Tanto os exercícios físicos de intensidade moderada quanto os de alta intensidade, podem ser utilizados dentro da escola e até mesmo nas salas de aula, proporcionando benefícios a nível cognitivo para a melhoria da aprendizagem. O exercício aeróbio tem demonstrado importantes adaptações para habilidades intelectuais que refletem no domínio da memória e do aprendizado, nesse contexto, acaba refletindo na melhora do desempenho acadêmico, e esses benefícios parecem aparecer com exercícios com a intensidade a partir de 60% da FCmáx (LOJOVICH, 2010; LEES; HOPKINS, 2013).

Uma das alternativas mais práticas para o contexto escolar é o exercício físico denominado – Treinamento Intervalado de Alta Intensidade (HIIT – High Intensity Interval Training), que se caracteriza pela prática de exercício físico intermitente de alta intensidade, com intervalos de treinos rápidos e intensivos, com percentuais de 85% a 95% da (FCmáx), intercalados entre períodos de treino e recuperação/descanso (MAY *et al.*, 2017; FERRARI; MARTINS, 2020) com duração total a partir de 4 minutos (MA; MARE; GURD, 2015), indicando resultados promissores com crianças a partir dos 7 anos (EKSTRÖM *et al.*, 2017), nos componentes da aptidão física da resistência muscular, cardiorrespiratória (TOTTORI *et al.*, 2019), força dos membros superiores e inferiores (EKSTRÖM *et al.*, 2017), bem como na adequação do Índice de Massa Corporal – IMC (COSTIGAN *et al.*, 2015) que estão, por sua vez, associados ao melhor desempenho em matemática como visto no capítulo anterior.

Nos tópicos seguintes apresentamos os efeitos agudo e crônico do exercício físico no desempenho matemático.

Efeito agudo do exercício físico no desempenho matemático

Podemos definir efeito agudo como as respostas regulatórias observadas em curto período, após a realização do exercício físico (FORJAZ; TRICOLI, 2011). Nesse contexto, é imprescindível que os gestores escolares entendam os benefícios do efeito agudo e valorizem a importância das aulas de educação física ou dos momentos de exercício em sala de aula. Portanto, espera-se que essas evidências possam contribuir para o planejamento das aulas e da grade curricular, proporcionando condições para que os alunos tenham melhor desempenho matemático.

Existem alguns tipos de exercícios físicos com benefícios agudos que melhoram o desempenho matemático, quais sejam: exercício físico em circuito, exercício intermitente de moderada a elevada intensidade, exercício aeróbio contínuo e exercício de força.

Exercício físico em circuito: No estudo de Phillips, Hannon e Castelli (2015), foram examinadas as associações entre uma única sessão de exercício físico vigoroso (70%-85% da FCmáx) concluída durante as aulas de educação física no desempenho de teste de matemática padronizado entre 72 alunos da oitava série, em uma escola no sudoeste dos Estados Unidos. Os alunos foram divididos em 2 grupos, um grupo praticou exercício físico em circuito de alta intensidade (36) e o outro, realizou uma atividade sedentária – assistir a um documentário de futebol por 20 minutos sentados em sala – posteriormente, os grupos inverteram as atividades, ou seja, quem fez o circuito de alta intensidade no primeiro dia, assistiu ao documentário no segundo dia e vice-versa. Após 30 e 45 minutos de cada atividade, os participantes realizavam testes matemáticos de senso numérico, operações, álgebra, geometria e medição, os quais foram tirados do Programa de Testes do Estado de Nova York (8ª série – testes de matemática, com pontuações representadas de 1 a 100).

O exercício físico em circuito foi realizado por meio de exercício de corridas, saltos, polichinelos, pula cordas, subida e descida de degraus com a frequência cardíaca discente entre 70%-85%. No geral, esse modelo de exercício físico é muito semelhante às aulas de educação física dessa escola.

O estudo descreve que a atividade física vigorosa resultou em aumento de 5,7 pontos nas pontuações do teste de desempenho acadêmico em matemática (4 testes de 10 questões cada), em até pelo menos 30 minutos após o exercício físico em comparação com a condição de atividade sedentária. Nesse caso, esse tipo de atividade em ambiente escolar pode ser usado como alternativa para melhorar o desempenho nas tarefas matemáticas.

Exercício intermitente de moderada a elevada intensidade: O estudo de Howie, Schatz e Pate (2015) examinou o efeito de uma sessão de exercício físico aeróbico de moderada a elevada intensidade comparando em 3 doses diferentes, 5 min, 10 min ou 20 min. Além disso, uma atividade sedentária de 10 minutos foi utilizada como controle. O exercício físico agudo baseado no programa Brain BITES (Better Ideas Through ExerciSe), envolvendo corridas estacionárias, movimentações dos braços em várias direções, e várias formas de saltar, além disso, os pesquisadores incentivaram os alunos a atingirem um esforço moderado a elevado. As três intervenções de exercício tinham os mesmos tipos de exercício e a mesma intensidade, porém com tempos diferentes (5 min, 10 min ou 20 min); a atividade sedentária, utilizada como controle, foi uma breve aula sobre ciência do exercício em que os participantes permaneceram sentados.

O teste de desempenho matemático consistiu na resolução de problemas aritméticos com nível de dificuldade de acordo com a série dos estudantes. Os testes foram realizados antes e depois do exercício físico e da condição controle. Cada etapa do estudo ocorreu uma vez por semana, totalizando quatro semanas de intervenção. Os resultados revelaram escores maiores no desempenho do teste de matemática após as condições de exercícios físicos de 10 e 20 minutos em comparação com a condição sedentária. Nesse sentido, parece que uma pausa de 10 e 20 minutos de exercício físico também pode produzir melhora moderável no desempenho matemático em crianças.

Exercício aeróbio contínuo e de força: O estudo de Harveson e colaboradores (2019) teve como objetivo examinar os efeitos agudos do exercício aeróbico, exercício de resistência e não exercício nas medidas de desempenho acadêmico (matemático) e cognição em estudantes pré-adolescentes. Nessa investigação de desenho randomizado e cruzado, 63 participantes de 13,7 ± 0,47 de idade realizaram 20 minutos de treinamento de força de intensidade moderada, 20 minutos de exercício aeróbio de intensidade moderada ou 20 minutos de não exercício (condição controle).

O protocolo de exercícios de força envolveu seis exercícios – agachamento, afundo, flexão de braços, extensão dos ombros com o cotovelo estendido usando uma faixa elástica, remada e supino – os participantes realizavam duas séries por exercício de 15 repetições. A sessão completa de exercícios teve duração de 20 minutos, com intervalo de descanso de um minuto entre as séries. A intervenção de exercícios aeróbicos também foi composta por 20 minutos de caminhada ou corrida em uma pista coberta com aproximadamente 50%-60% da frequência cardíaca máxima prevista para a idade dos participantes. A condição de não exercício foi feita com os participantes assistindo a um DVD relacionado a esportes por 20 minutos.

Os participantes realizaram testes de matemática antes e 5 minutos após as condições de exercício e de não exercício, o teste matemático consistia na resolução de 10 questões retiradas dos exames padronizados da oitava série do Programa de Testes do Estado de Nova York, envolvendo questões de senso numérico, operações, álgebra, geometria e medição. Os resultados demonstraram que os pré-adolescentes melhoraram seus desempenhos matemáticos após uma sessão de exercícios de força e essa melhoria foi concomitante ao aumento no controle inibitório.

Exercício físico combinado (força e aeróbio): Fiorilli e colaboradores (2021), investigaram as respostas agudas de pausas sobre habilidades de atenção e desempenho matemático em uma escola primária. Para participarem desse estudo, foram recrutadas 141 crianças de 9,61 ± 0,82 de idade, e divididas em seis turmas. Cada turma foi subdividida aleatoriamente em três grupos com base no tipo de protocolo realizado durante os três programas, com pausas ativas programadas em: condicionamento físico (FIT), criatividade (CREAT) e grupo controle (CON). Antes e após o exercício físico, os participantes foram submetidos ao teste Stroop Color and Word test para avaliar sua habilidade de atenção e o Math test para avaliar seu desempenho matemático.

O teste de desempenho matemático foi aplicado coletivamente, por meio do qual essas crianças tiveram que realizar o maior número possível de tarefas matemáticas (cálculos básicos, problemas, tarefas de comparação de magnitude e tarefas de ordenação de números) em 30 minutos. Para calcular o escore total, foi somado o número de acertos em cada domínio.

O teste que avaliava o desempenho da atenção era composto de três fases, na primeira tinham 24 retângulos impressos em quatro cores (azul, verde, vermelho ou amarelo), a criança precisava reconhecer a cor o mais rápido possível. Na segunda fase, tinham 24 palavras comuns impressas nas quatro cores e a criança tinha que nomear a cor, ignorando a palavra escrita. Na terceira fase, tinham 24 palavras de nomes de cores impressas em uma cor incongruente (por exemplo, palavra azul impressa em vermelho; neste caso, a criança tinha que nomear a palavra "vermelho"). Os participantes precisavam responder o mais rápido possível aos estímulos.

O protocolo de condicionamento físico foi projetado para propor exercício físico de intensidade moderada a vigorosa, incluindo exercícios de força e aeróbios, como: agachamento, polichinelos, estocadas e corrida no local. Na condição de controle, as crianças permaneceram sentadas e envolvidas em interações sociais com a equipe de pesquisa.

O protocolo de criatividade teve por base a combinação de tarefas cognitivo-criativas e condicionais, como improvisações, dramatização de eventos ou histórias breves e jogos de simulação e imitação, as quais despertaram, nas crianças, o processo criativo, bem como melhoraram a expressão de emoções, em interação com as restrições ambientais.

Após a análise dos resultados foi observado que após a sessão de condicionamento físico ocorreu melhoria do desempenho de atenção ($p = 0,034$) e do matemático ($p = 0,023$) quando comparado ao grupo controle. Neste sentido, exercícios aeróbicos e de força moderada a vigorosa intensidade podem ser benéficos para a melhoria da atenção e para o desempenho matemático.

Efeito crônico do exercício físico no desempenho matemático

Podemos definir como efeitos crônicos as respostas adaptativas de médio e longo prazo decorrentes do treinamento com exercícios físicos (FORJAZ; TRICOLI, 2011). Evidência importante indica que o exercício físico de modo crônico pode ter um pequeno efeito na melhoria do desempenho matemático escolar (SNECK *et al.*, 2019). Apresentamos a seguir algumas pesquisas que indicam o efeito crônico do exercício físico na melhoria do desempenho matemático.

Exercício físico integrado com a aula de matemática: Elofsson e colaboradores (2016) investigaram a eficácia de dois métodos de ensino estruturados: Matemática em Ação, caracterizada por exercício físico e música, e atividades numéricas comuns, em que 53 crianças foram submetidas a uma das duas condições por um período de três semanas, com a frequência de duas vezes por semana durante 30 minutos.

Na condição matemática em ação, as crianças participavam de diversas atividades matemáticas que envolviam a prática de habilidades motoras, canções, ritmo e tonalidade. Elas realizaram as atividades matemáticas a seguir: contagem mecânica (canto, ritmo), contagem progressiva a partir de diferentes números (pular na linha numérica, canto e ritmo), contagem regressiva a partir de diferentes números (pular linha numérica, canto e ritmo), prática de adição e subtração (jogo de canto) e prática de habilidades motoras (10 minutos por sessão).

Na condição de atividades numéricas comuns (sem exercício), as crianças foram envolvidas no programa de ensinar aritmética para crianças na pré-escola de cinco e seis anos, elas participaram de algumas atividades básicas de contagem verbal, como contagem mecânica, contando para frente a partir de um determinado número, contando para trás a partir de um determinado número, nomeando numerais de 1 a 10 e contagem de objetos de 1 a 10. Elas também realizaram atividades de jogos numéricos como Memória (adição e subtração).

As habilidades matemáticas foram avaliadas por uma bateria de testes que exigiam das crianças informações sobre conhecimento numérico, estimativas e habilidades aritméticas. O conhecimento numérico foi medido com quatro testes, contagem mecânica, contando para frente, contando para trás e nomeando números. A estimativa da linha numérica foi medida com dois testes por meio dos quais as crianças estimavam números em duas linhas numéricas: de 0 a 10 e de 0 a 100. A aritmética verbal foi medida com adição e subtração verbais.

Após 3 semanas de treinamento, foi observado que crianças que realizaram intervenção matemática em um ambiente caracterizado por exercício físico e música, desenvolveram mais suas habilidades matemáticas do que as crianças que aprenderam matemática por meio de atividades numéricas comuns. Neste contexto, parece que intervenções de ensino de matemática utilizando estratégias fisicamente ativas e musicais podem ser uma estratégia que favoreça a melhoria do desempenho matemático em crianças de 5 anos.

Exercício físico aeróbio de moderada a alta intensidade: Davis e colaboradores (2011) testaram o efeito de duas diferentes doses de exercício físico aeróbio sobre as funções executivas e desempenho matemático, em que 171 crianças de 7 a 11 anos sedentárias e com sobrepeso foram randomizados para 13 semanas de um programa de exercício de 20 minutos ao dia (grupo baixa dose n=55) ou 40 minutos ao dia (grupo alta dose n=56) ou uma condição de controle (n=60).

As atividades foram selecionadas com base na facilidade de compreensão, diversão e execução de movimentos vigorosos intermitentes, incluindo jogos de corrida, pular corda, basquete e futebol modificados, como sugerido por Gutin e colaboradores (1999), a frequência cardíaca média de 166 ± 8 batimentos por minuto durante o exercício físico.

O desempenho matemático e a cognição das crianças foi medido pelas avaliações psicológicas padronizadas e cegas (Sistema de Avaliação Cognitiva e Testes Woodcock-Johnson de Realização III) (WOODCOCK; MCGREW; MATHEL, 2001), contrabalançadas aleatoriamente. Após 13 semanas, as intervenções de exercício físico tiveram benefícios, porém a maior dose foi mais benéfica para a função executiva e para o desempenho em matemática.

HIIT: May e colaboradores (2017) investigaram o efeito de 4 semanas de treinamento intervalado de alta intensidade (HIIT) no desempenho cognitivo avaliado pela memória de trabalho, utilizando matemática e leitura, além de avaliar o consumo máximo de oxigênio (VO2 máximo) em estudantes universitários (idade, 18,55 ± 0,99 anos). Para realizar essa investigação, 60 universitários foram recrutados e divididos em 2 grupos, um grupo realizava o HIIT e o outro, era o grupo controle.

O protocolo HIIT foi aplicado em 12 sessões, realizadas 3 vezes por semana, ao longo de 4 semanas (segunda, quarta e sexta). Cada sessão de treino consistia em 10 séries de 60 segundos pedalando com recuperação de 60 segundos, aplicando descanso ativo com resistência de 50 watts. O treinamento foi realizado em um ergômetro com resistência fixa. As cargas de trabalho dos universitários foram selecionadas para obter uma frequência cardíaca de aproximadamente 90% ou pico de potência durante os intervalos. As sessões de treinamento incluíram aquecimento de 3 minutos e resfriamento de 2 minutos a 50 W watts, o treino completo durava em torno de 25 min.

A memória de trabalho foi avaliada em um teste computadorizado, automatizado com tarefas de extensão de memória de trabalho de leitura e matemática (operação) que foram realizadas no software E-Prime®. As tarefas de "span" exigiam que os sujeitos se lembrassem de letras-alvo ao realizar uma compreensão de leitura simultânea (extensão de leitura) ou uma tarefa aritmética (extensão da operação).

Após as 4 semanas de intervenção, foi observado um aumento do VO2 máximo nos participantes que realizaram HIIT ($P < 0,01$, $\Delta 3,30 \pm 0,10$). Em relação ao desempenho cognitivo, o HIIT melhorou o desempenho discente na matemática ($P<0,01$, $\Delta 4,30 \pm 0,10$) e na leitura ($P<0,01$, $\Delta 1,30 \pm 0,10$) no teste. As correlações demonstraram aumento nas pontuações de mudança de VO2 máximo correspondendo a aumentos em matemática ($r = 0,36$, $P<0,05$) e leitura ($r = 0,40$, $P<0,05$) nos escores de memória de trabalho. Neste cenário, 4 semanas de HIIT pode ser uma alternativa para melhorar essas habilidades.

Aplicabilidade do HIIT no contexto Escolar: O HIIT pode ser uma forma viável para implementar a prática do exercício físico no ambiente escolar, visando o desenvolvimento desse hábito na infância (EKSTRÖM *et al.*, 2017) com o propósito de que as crianças possam se tornar adultos fisicamente ativos, reduzindo o risco de desenvolverem doenças crônicas não transmissíveis (doenças cardíacas, derrame cerebral, diabetes, câncer etc.), prevenindo a hipertensão, sobrepeso e melhorando a saúde mental (WHO, 2018).

Mesmo em escolas com escassez de estrutura adequada para práticas de exercício físico, a implementação do HIIT não necessita de equipamentos específicos (MA; MARE; GURD, 2015), podendo ser realizado apenas com o peso corporal, tornando-se uma estratégia segura e eficaz para melhorar a saúde global do indivíduo (COSTIGAN *et al.*, 2015).

Para o controle da intensidade do HIIT, o professor pode orientar os alunos a realizarem o número máximo de movimentos possíveis em um determinado tempo ou orientar a realização de sprints máximos (EKSTRÖM *et al.*, 2017). Essas estratégias do HIIT são caracterizadas como máximas nesse modelo. O tempo de duração de cada pausa ativa, através da realização do HIIT, pode iniciar a partir de 4 minutos, constituído de 20 segundos de exercícios (agachamentos, saltos e corridas estacionárias), seguido por 10 segundos de repouso, sendo repetido oito vezes (MA; MARE; GURD, 2015).

Para aqueles professores que desejam implementar o treinamento intervalado de alta intensidade (HIIT) em um ambiente escolar, recomendamos começar com uma relação entre o período de esforço e o período de recuperação de 1 para 3, o que significa 20 segundos de esforço seguidos por 60 segundos de recuperação. Em seguida, à medida que avançam, podem progredir para uma relação de 1 para 2, o que implica 20 segundos de esforço e 40 segundos de recuperação. Posteriormente, podem avançar para uma relação de 1 para 1, ou seja, 20 segundos de esforço seguidos por 20 segundos de recuperação. Por fim, no estágio mais avançado, é possível adotar uma relação de 2 para 1, ou seja, 20 segundos de esforço e 10 segundos de recuperação, esse modelo pode ser aplicado para outros períodos de esforço e recuperação. Além disso, o professor pode progredir no número de séries ou o tempo de esforço de acordo com adaptação de seus alunos.

Para que os alunos consigam atingir os níveis recomendados e as doses ideais, é necessário lançar mão de alguma ferramenta que permita o monitoramento da carga de exercício físico, uma das ferramentas mais ecológicas é a escala de percepção subjetiva de esforço (a escala 6-20 de Borg), por meio da qual os participantes conseguem interpretar que intensidade estão usando naquele momento quanto na sessão inteira de exercício físico; no HIIT, por exemplo, usamos entre 15 e 18 no período de esforço e entre 9 e 11 no período de recuperação (CABRAL *et al.*, 2020).

Além disso, temos escalas validadas para o público infantil associadas à escala de Borg original (MARTINS *et al.*, 2020). Nesse contexto, essas escalas podem ser utilizadas para trabalhar com todas as intensidades de exercício.

Figura 1 – Escala de percepção de esforço.

6	**Nenhum esforço**
7 8	**Extremamente leve**
9 10	**Muito leve**
11 12	**Leve**
13 14	**Um pouco difícil**
15 16	**Difícil (pesado)**
17 18	**Muito difícil**
19	**Extremamente difícil**
20	**Esforço máximo**

Fonte: adaptada pelos autores, 2022.

Considerações finais

As iniciativas internacionais que implementaram o HIIT no cotidiano escolar e universitário, indicam o sucesso em alguns atributos da aptidão física (EKSTRÖM *et al.*, 2017; MAY *et al.*, 2017), na atenção seletiva, no controle inibitório e na memória de trabalho, funções executivas consideradas essenciais para o aprendizado e para o sucesso acadêmico, especificamente no desempenho matemático (ANDERSSON, 2008; MA; MARE; GURD, 2015; MAY *et al.*, 2017). A nível de Brasil, entendemos que nosso sistema educacional ainda precisa encontrar suas próprias estratégias e soluções locais, baseadas em evidências para reduzir o comportamento sedentário dos adolescentes, estimulando o aumento da prática de exercício físico na escola, na perspectiva de melhorar a cognição e o desempenho matemático.

REFERÊNCIAS

ANDERSSON, U. Working memory as a predictor of written arithmetical skills in children: the importance of central executive functions. **Br J Educ Psychol**, 78(Pt 2):181–203, jun. 2008.

ARAÚJO, D. S. M. S.; ARAÚJO, C.G.S. Aptidão física, saúde e qualidade de vida relacionada à saúde em adultos. **Rev Bras Med Esporte** [online]. v. 6, n. 5 p.194-203, 2000.

BETTIO, L. *et al.* Interplay between hormones and exercise on hippocampal plasticity across the lifespan. **Biochim Biophys Acta Mol Basis Dis**, 1;1866(8):165821, aug. 2020.

BRASIL. Ministério da Saúde. Secretaria de Atenção Primária à Saúde. Departamento de Promoção da Saúde. **Guia de Atividade Física para a População Brasileira** [recurso eletrônico]. Brasília: Ministério da Saúde, 2021.

CABRAL, L. *et al.* Initial validity and reliability of the Portuguese Borg rating of perceived exertion 6-20 scale. **Measurement in Physical Education and Exercise Science**, v. 24, n. 2, p. 103-114, jan. 2020.

CASPERSEN, C. J.; POWELL, K. F.; CHRISTENSON, G. M. Physical activity, exercise and physical fitness: definitions and distinctions for health-related research. **Public Health Rep**, 100:126-31, mar-apr. 1985.

CASTELLI, D. M. *et al.* Physical fitness and academic achievement in third-and fifth-grade students. **Journal of Sport Exerc Psychol**, 29(2):239-252, apr. 2007.

CHADDOCK, L. *et al.* Childhood aerobic fitness predicts cognitive performance one year later. **Journal of Sports Sciences**, 30(5):421-30, jan. 2012.

COSTIGAN, S. A. *et al.* High-intensity interval training for improving health-related fitness in adolescents: a systematic review and meta-analysis. Br J Sports Med, 49(19):1253–1261, oct, 2015.

DAVIS, C. L. *et al.* Exercise improves executive function and achievement and alters brain activation in overweight children: a randomized, controlled trial. **Health psychology**, 30(1):91-8, jan, 2011.

DARIDO, S. C. A educação física na escola e o processo de formação dos não praticantes de atividade física. **Rev. bras. Educ. Fís. Esp**, São Paulo, v.18, n.1, p. 61-80, jan./mar, 2004.

DAOLIO, J. **Educação física e o conceito de cultura**. 2. ed. Campinas: Autores Associados, 2007.

DARIDO, S. C.; JÚNIOR, O. M. S. **Para ensinar educação física**: possibilidades de intervenção na escola. Campinas, SP: Papirus, 2007.

DE GREEFF, J. W. *et al.* Effects of physical activity on executive functions, attention and academic performance in preadolescent children: a meta-analysis. **J Sci Med Sport**, 21(5):501-507, mai. 2018.

DIAMOND, A.; LING, D. Conclusions about interventions, programs, and approaches for improving executive functions that appear justified and those that, despite much hype, do not. **Dev. Cognit. Neurosci**, 18:34-48, abr, 2016.

DONNELLY, J. *et al.* Physical Activity, Fitness, Cognitive Function, and Academic Achievement in Children: A Systematic Review. **MedSci Sports Exerc**, 48(6):1197-222, jun. 2016.

EKSTRÖM, A. *et al.* The effects of introducing Tabata interval training and stability exercises to school children as a school-based intervention program. **Br. J. Sports Med**, 23;31(4), nov, 2017.

EKKEKAKIS, P. *et al.* The pleasure and displeasure people feel when they exercise at different intensities. **Sports medicine**, v. 41, n. 8, p. 641-671, aug. 2011.

ERICKSON, K. I. *et al.* Physical Activity, Cognition, and Brain Outcomes: A Review of the 2018 Physical Activity Guidelines. Med Sci Sports Exerc, 51(6):1242-1251, jun. 2019.

ELOFSSON, J. *et al.* Physical activity and music to support pre-school children's mathematics learning. **Education** 3-13, v. 46, n. 5, p. 483-493, 2018.

FERRARI, F.; MARTINS, V. M. High-intensity interval training versus continuous exercise: Is there a difference regarding the magnitude of blood pressure reduction? **Arq. Bras. Cardiol**, 115, 15-16, jul. 2020.

FIRTH, J. *et al.* Effect of aerobic exercise on hippocampal volume in humans: a systematic review and meta-analysis. Neuroimage, v. 166, p. 230-238, fev. 2018.

FIORILLI, G. *et al.* Impact of Active Breaks in the Classroom on Mathematical Performance and Attention in Elementary School Children. *In*: **Healthcare**, MDPI, p. 1689, dez, 2021.

FORJAZ, C. L. M.; TRICOLI, V. A fisiologia em educação física e esporte. **Rev. Bras. Educ. Física e Esporte**, 25, 7-13, dez. 2011.

GUEDES, D. P.; GUEDES, J. E. R. P. Atividade física, aptidão física e saúde. **Revista Brasileira de Atividade Física e Saúde**, v. 1. n.1., p. 18-35, 1995.

GUTIN, B. *et al.* Description and process evaluation of a physical training program for obese children. **Research Quarterly for Exercise and Sport**, v. 70, n. 1, p. 65-69, 1999.

HARVESON, A. T. *et al.* Acute exercise and academic achievement in middle school students. **International journal of environmental research and public health**, v. 16, n. 19, p. 3527, set. 2019.

HILLMAN, C. H.; CASTELLI, D. M.; BUCK, S. M. Aerobic Fitness and Neurocognitive Function in Healthy Preadolescent Children. **Medicine & Science in Sport & Science**, 37(11), 1967-1974, nov. 2005.

HILLMAN, C. H. *et al.* The effect of acute treadmill walking on cognitive control an academic achievement in preadolescent children. **Neuroscience**, 159(3), 1044-1054, mar. 2009.

HOWIE, E. K.; SCHATZ, J.; PATE, R. R. Acute Effects of Classroom Exercise Breaks on Executive Function and Math Performance: A Dose-Response Study. **Res Q Exerc Sport**, 86(3):217–224, mai. 2015.

KRAEMER, W. J.; FLECK, S. J.; DESCHENES, M. R. **Fisiologia do exercício**: teoria e prática. Tradução: Ana Cavalcanti Botelho e Dilza Balteiro de Campos. 2. ed. Rio de Janeiro: Guanabara Koogan, 2016.

LEES, C.; HOPKINS, J. Peer reviewed: effect of aerobic exercise on cognition, academic achievement, and psychosocial function in children: a systematic review of randomized control trials. **Preventing chronic disease**, v. 10, out. 2013.

LOJOVICH, J. M. The relationship between aerobic exercise and cognition: is movement medicinal? **The Journal of head trauma rehabilitation**, v. 25, n. 3, p. 184-192, mai-jun. 2010.

MA, J. K.; MARE, L. L.; GURD, B. J. Four minutes of in-class high-intensity interval activity improves selective attention in 9- to 11-year olds. **Appl. Physiol. Nutr. Metab**, 40, 238-244, mar. 2015.

MA, C-L. *et al.* Physical exercise induces hippocampal neurogenesis and prevents cognitive decline. **Behavioural brain research**, v. 317, p. 332-339, jan. 2017.

MARTINS, R. *et al.* Escala de percepção de esforço para criança (EPEC): validação para o português em um teste submáximo. **Revista Brasileira de Educação Física e Esporte**, v. 34, n. 3, p. 513-522, 2020.

MAY, R. W. *et al.* Improving Cognitive Performance via High Intensity Interval Aerobic Exercise: A Randomized Controlled Trial. **Journal of Exercise Physiology Online**, vol. 20, no. 5, oct. 2017.

MCARDLE, W. D.; KATCH, F. I.; KATCH, V. L. **Fisiologia do exercício, nutrição, energia e desempenho humano**. Revisão técnica Fábio C. Prosdócimi; Tradução Dilza Balteiro Pereira de Campos, Patricia Lydie Voeux. – 8. ed. – Rio de Janeiro: Guanabara Koogan, 2016.

MÖLLER, F. *et al.* Physical Exercise Intensity During Submersion Selectively Affects Executive Functions. **Hum Factors**, 63(2):227-239, mar. 2021.

OFICIAL, P. *et al.* A quantidade e o tipo recomendados de exercícios para o desenvolvimento e a manutenção da aptidão cardiorrespiratória e muscular em adultos saudáveis. **Rev. Bras. Med. Esp**, v. 4, n. 3, p. 96-102, jun. 1998.

PASSOLUNGHI, M. C.; SIEGEL, L. S. Short-term memory, working memory, and inhibitory control in children with difficulties in arithmetic problem solving. **J Exp Child Psychol**, 80(1):44-57, set. 2001.

PITANGA, F. J. G. **Orientações para avaliação e prescrição de exercícios direcionados à saúde**. São Paulo: CREF4/SP, 2019.

PHILLIPS, D.; HANNON, J. C.; CASTELLI, D. M. Effects of vigorous intensity physical activity on mathematics test performance. **Journal of Teaching in Physical Education**, v. 34, n. 3, p. 346-362, jul. 2015.

PLOWMAN, S. A.; SMITH, D. **Fisiologia do exercício para saúde, aptidão e desempenho**. Rio de Janeiro, RJ: Guanabara Koogan, 2009.

POWERS, S. K.; HOWLEY, E. T. **Fisiologia do exercício**: teoria e aplicação ao condicionamento e ao desempenho I. 8. ed. Barueri: Manole, 2014.

SEMBER, V. *et al.* Children's physical activity, academic performance, and cognitive functioning: a systematic review and meta-analysis. **Frontiers in public health**, 14;8:307, jul. 2020.

ST CLAIR-THOMPSON, H. L.; GATHERCOLE, S. E. Executive functions and achievements in school: Shifting, updating, inhibition, and working memory. **Q. J. Exp. Psychol**, 59:745–759, abr. 2006.

SWANSON, H. L.; JERMAN, O.; ZHENG, X. Growth in working memory and mathematical problem solving in children at risk and not at risk for serious math difficulties. **Journal of educational psychology**, v. 100, n. 2, p. 343-379, 2008.

SMOLE, K. S.; DINIZ, M. I. S. V.; CÂNDIDO, P. **Brincadeiras infantis nas aulas de matemática**. Porto Alegre: Penso, 2014.

SNECK, S. *et al.* Effects of school-based physical activity on mathematics performance in children: a systematic review. **International Journal of Behavioral Nutrition and Physical Activity**, v. 16, n. 1, p. 1-15, nov. 2019.

STILLMAN, C. M. *et al.* Effects of Exercise on Brain and Cognition Across Age Groups and Health States. **Trends Neurosci**, 43(7):533-543, jul. 2020.

TOMPOROWSKI, P. Effects of acute bouts of exercise on cognition. **Acta Psychologica**, 2002.

TOTTORI, N. *et al.* Effects of high intensity interval training on executive function in children aged 8-12 years. **Int. J. Environ. Res. Public Health**, 26;16(21):4127, out. 2019.

URSO, R. P. *et al.* Determinação dos metabolismos lático e alático da capacidade anaeróbia por meio do consumo de oxigênio. **Rev. bras. cineantropom. desempenho hum.** [online], vol. 15, n. 5, pp. 616-627, 2013.

WHO. More Active People for a Healthier World. **J. Policy Model**, 28, 615-627, 2018.

WOODCOCK, R. W.; MCGREW, K. S.; MATHER, N. Test Review: Woodcock-Johnson® III Test. Riverside Publishing Company. Itasca, IL. **Rehabilitation Counseling Bulletin**, 44(4), 232–235, 2001.

Sobre os autores

Adriene Damasceno Seabra

Possui graduação em Terapia Ocupacional pela UEPA (Universidade do Estado do Pará). Mestrado em Neurociências e Biologia Celular pela Universidade Federal do Pará (UFPA). É docente da Faculdade de Fisioterapia e Terapia Ocupacional da Universidade Federal do Pará (UFPA) e doutoranda do Programa de Pós-Graduação em Educação em Ciências e Matemáticas (PPGECM) da UFPA. Atualmente, é membro do grupo de pesquisa NeuroAtiva – Neurociências e Atividade Física (CNPq) e do grupo de pesquisa Mente, Cérebro e Educação do Programa de Pós-Graduação em Educação em Ciências e Matemáticas (PPGECM/UFPA). Possui experiência em metodologias ativas de ensino.

Ana Mara Coelho da Silva

Doutoranda em Educação em Ciências e Matemáticas pela Universidade Federal do Pará (UFPA/IEMCI). Mestra em Docência em Educação em Ciências e Matemáticas pela Universidade Federal do Pará (2019). Especialista em Transtorno do Espectro Autista pela Universidade do Estado do Pará (2023). Graduada em Matemática pela Universidade Federal do Pará (2011). Professora de Matemática na Rede Municipal de Educação de Belém (SEMEC/PA); Professora de Educação Especial (SEDUC/PA) e membro do Grupo de Estudos e Pesquisas em Mente, Cérebro e Educação da Universidade Federal do Pará. Possui experiência em Atendimento Educacional Especializado, com ênfase na elaboração e adaptação de Materiais Acessíveis para alunos com Deficiência Visual, Formação continuada de professores na perspectiva da inclusão.

Felipe Barradas Cordeiro

Possui graduação em Educação Física pela Universidade Federal do Pará (2019) e mestrado em Ciências do Movimento Humano pela Universidade Federal do Pará (2022). É membro do grupo de investigação "Saúde, Reabilitação e Cognição", membro do projeto de pesquisa EXAM-Exercício e Ansiedade Matemática. Atualmente é pesquisador voluntário no grupo de pesquisa "Saúde, Reabilitação e Cognição", contribuindo para o avanço do conhecimento científico em exercício físico, educação e desempenho cognitivo. Atua principalmente nos seguintes temas: exercício físico, função executiva, variabilidade da frequência cardíaca e desempenho acadêmico.

João Bento-Torres

Possui licenciatura plena em Educação Física pela Universidade Federal do Pará (UFPA). Mestrado e doutorado em Neurociências e Biologia Celular (UFPA) com período sanduíche na University of Western Ontário, Canadá. Pós-doutorado pelo Brain Aging & Cognitive Health Lab da Universidade de Pittsburg-USA. Desde 2006 é professor permanente da Universidade Federal do Pará. Atualmente é coordenador da Rede Nacional Leopoldo de Meis de Educação e Ciência e professor no Programa de Pós-Graduação em Educação Cientifica e Matemática – PPGECM (Tema: Neurociência e Educação) e no Programa de Pós-Graduação em Ciências do Movimento Humano – PPGCMH (Tema: Atividade Física e Neurociência). Coordena também o grupo de pesquisa NeuroAtiva – Neurociências e Atividade Física (CNPq). Ministra as disciplinas Neurociência do Exercício; Mente, Cérebro e Educação; Experimentando Ciência: o Corpo Humano em Movimento. Possui experiência com métodos de investigação em Cognição, Atividade Física e Biossinais em Neurociências.

Marcos Guilherme Moura-Silva

Doutor em Educação em Ciências e Matemática pela Universidade Federal do Pará (2019). Mestre em Educação em Ciências e Matemática pela Universidade Federal do Pará (2014). Graduado em Matemática pela Universidade Federal do Pará (2011). É professor permanente do Programa de

Pós-graduação em Educação em Ciências e Matemáticas (PPGECM/UFPA), atuando na graduação pela Faculdade de Educação Matemática e Científica (FEMCI). Atualmente é Coordenador do Programa de Pós-graduação em Educação em Ciências e Matemáticas (PPGECM/UFPA); Coordenador do Laboratório de Neurociências Aplicada ao Ensino de Ciências, Matemática e Linguagem, Líder do Grupo de NeuroEducação Matemática vinculado ao diretório de grupos do CNPq. Investiga temas relacionados à Mente, Cérebro e Educação e formação de professores que ensinam matemática.

Mauro Roberto de Souza Domingues

Possui graduação em Licenciatura Plena em Educação Física pela Universidade do Estado do Pará (UEPA). Especialização em Educação e Informática (UFPA). Especialização em Acupuntura (CBES). Mestrado em Educação e Políticas Públicas Educacionais (UFPA). Doutorado em Educação em Ciências e Matemáticas (UFPA). Desde 1996 é Professor concursado MAG-4 da Secretaria Municipal de Educação (SEMEC) e desde 2006 é Professor concursado AD-4 da Secretaria Estadual de Educação (SEDUC). Tem experiência na área de Educação, com ênfase em Educação Física Escolar, Educação Física Adaptada, Informática Educativa, Avaliação da Aprendizagem, Avaliação Externa e Formação de Professores. Participou do grupo de Pesquisa "Estado e Educação na Amazônia" (GESTAMAZON) na Universidade Federal do Pará entre os anos de 2011 e 2013. Participou do grupo de Pesquisa "Currículo, Inclusão e Diversidade" na Universidade Federal do Pará (UFPA). Participou do grupo de Pesquisa "Educação Matemática e Cultura Amazônica" na Universidade Federal do Pará (UFPA) entre os anos de 2017 e 2018. Participou do projeto de Pesquisa Exercício Físico e Ansiedade Matemática (EXAM) na Universidade Federal do Pará (UFPA) entre os anos de 2017 a 2021. Atualmente é membro do grupo de pesquisa Mente, Cérebro e Educação do Programa de Pós-Graduação em Educação em Ciências e Matemáticas (PPGECM/UFPA).

Mizael Carvalho de Souza

Tem formação inicial em Matemática (UFPA), Especialista em Planejamento, Implementação e Gestão da Educação a Distância (UFF), Mestrado e atualmente é doutorando com fluxo contínuo em Educação em Ciências e Matemáticas (UFPA). Membro da Sociedade Brasileira de Educação Matemática (SBEM), Sociedade Brasileira de Neurociências e Comportamento (SBNec), do grupo de pesquisa NeuroAtiva – Neurociências e Atividade Física (CNPq), grupo de estudos e pesquisas em Mente, Cérebro e Educação do Programa de Pós Graduação em Educação em Ciências e Matemáticas (PPGECM/UFPA) e do projeto de pesquisa em Exercício Físico e Ansiedade Matemática (EXAM). Atualmente é professor efetivo municipal e presidente da Liga Acadêmica de Neurociências, Educação e Exercício Físico (LANEEF/UFPA). Tem interesse em pesquisar tópicos relacionados à Educação Matemática, Linguagem Matemática, Ansiedade Matemática e as relações da Atividade Física com a Mente, Cérebro e Educação.

Natáli Valim Oliver Bento-Torres

Possui graduação em Fisioterapia pela Pontifícia Universidade Católica de Campinas. Mestrado e Doutorado em Neurociências e Biologia Celular (UFPA), com período sanduíche na Western University -Canada. Co-fundadora e professora efetiva da Faculdade de Fisioterapia e Terapia Ocupacional (UFPA). É pesquisadora dos Programas de Pós-graduação em Ciências do Movimento Humano (PPGCMH-UFPA) e Atendimento Clínico e Estudo em Diabetes (PPGDiabetes-UFPA). Membro da Rede Nacional de Educação e Ciências Leopoldo DeMeis (RNEC) e da Rede Brasileira de Pesquisa e Formação em Neurociências e Atividade Física. Possui experiência na área de metodologias ativas e ensino em saúde e fisioterapia.

Rayza de Oliveira Souza

Graduada em Educação do Campo, com habilitação em matemática pela Universidade Federal do Sul e Sudeste do Pará (UNIFESSPA). Mestre em Educação em Ciências e Matemática pela Universidade Federal do Pará (2022). É professora da Educação Básica, membro do grupo de pesquisa em

Mente, Cérebro e Educação, com interesse em temas como: Ansiedade matemática, Educação do Campo, Metacognição e Aprendizagem Autorregulada.

Renan Wallace Guimarães da Rocha

Possui graduação em Bacharelado em Educação Física pela Faculdade Metropolitana da Amazônia (FAMAZ), Especialização em Bases Fisiológicas do Treinamento Personalizado, Nutrição Esportiva e Medicina Avançada pela Faculdade Metropolitana do Vale do Aço (FAMEV) e Mestrado em Ciências do Movimento Humano pela Universidade Federal do Pará (UFPA). Atualmente é membro da Sociedade Brasileira de Neurociências e Comportamento (SBNeC), membro do grupo de pesquisa Saúde, Reabilitação e Cognição, da Universidade Federal do Pará(UFPA), membro do grupo de pesquisa NeuroAtiva – Neurociências e Atividade Física (UFPA). Tem experiência na área de Educação Física, atuando principalmente nos seguintes temas: Cognição, atividade física, exercício físico e aptidão física.

Tadeu Oliver Gonçalves

Licenciado em Matemática pela Universidade Federal do Pará (1976), Mestre em Ensino de Ciências e Matemática pela Universidade Estadual de Campinas (1981) e Doutor em Educação Matemática pela Universidade Estadual de Campinas (2000). É professor da Universidade Federal do Pará desde agosto de 1976, situando-se atualmente na categoria de professor titular. É docente/pesquisador do Programa de Pós-graduação em Educação em Ciências e Matemática (PPGECM/IEMCI/UFPA) – Mestrado e Doutorado, desde o seu início, em 2002 (NPADC). Também é docente do Programa de Pós-Graduação em Educação em Ciências e Matemática – Rede Amazônica de Educação em Ciências e Matemáticas (REAMEC). Tem experiência na área da Educação Matemática e seu campo de pesquisa tem ênfase na Formação de Formadores e de Professores de Matemática, atuando principalmente nos seguintes temas: educação matemática, formação de professores, ensino-aprendizagem, ensino da matemática e Neurociências e Educação Matemática.

Victor Oliveira da Costa

Possui graduação em Tecnologia em Gestão de Saúde pelo Instituto Federal de Educação, Ciência e Tecnologia do Pará – IFPA (2010) e em Licenciatura Plena em Educação Física pela Universidade Federal do Pará – UFPA (2012). Especialização em Geriatria e Gerontologia pelo Centro Universitário do Pará – CESUPA (2013) e em Saúde Pública – IFPA (2019). Mestre em Neurociências e Biologia Celular – UFPA (2020). Doutorando em Educação em Ciências – UFPA (2021). Membro do Grupo de Pesquisa do Laboratório de Investigações em Neurodegeneração e Infecção – LNI (UFPA). Filiado à Sociedade Brasileira de Neurociências e Comportamento (SBNeC). Filiado à Sociedade Brasileira de Geriatria e Gerontologia (SBGG). Tem experiência na área da Educação Física Escolar e Não-Escolar (Geriatria e Gerontologia), atuando principalmente nos seguintes temas: Envelhecimento, Exercício Físico, Saúde do idoso e Metodologias Ativas de Ensino.

Wallyson Oliveira de Sousa

Graduando em Licenciatura em Química pela Universidade Federal do Pará (UFPA). Atualmente é Bolsista de Monitoria no Instituto de Educação Matemática e Científica (IEMCI), no Laboratório de Neurociências aplicada ao Ensino de Ciências, Matemática e Linguagem (LAB-NEMCi). Atua no projeto de ensino de graduação "Mente, Cérebro e Educação: Interfaces para o ensino de ciências, matemática e linguagem". Já atuou como Bolsista no Programa Institucional de Bolsas de Iniciação à Docência (PIBID) e como professor estagiário do Clube de Ciências da Universidade Federal do Pará (CCIUFPA). Atua na área do "Ensino em Química" e "Neuroaprendizagem".

Impresso na Prime Graph
em papel offset 75 g/m²
fonte utilizada adobe caslon pro
janeiro / 2024